KB189733

지독히
돈만 보고
살아라

5평짜리 옥탑방에서 살던 평범한 남자가
200억 자산가가 될 수 있었던 이유

지독히
돈만 보고
살아라

김주환 지음

모티브

빌딩 중개 18년,
200억대의 자산을 일구다

"나가봐야 별것 없으니, 그냥 여기서 평범하게 살아."

늦게 군대에 가서 2006년 전역 후 여수에서 서울로 올라가겠다고 선언했을 때, 아버지의 대답이었다. 그 말은 마치 "앞으로 네 인생에는 결코 특별한 일이 일어나지 않을 테니 체념하고 적당히 살아라"라는 것처럼 들렸다. 아버지가 그렇게 생각한 데에는 사실 이유가 있었다. 나는 줄곧 공부에 취미가 없었고, 딱히 무언가 하고 싶은 것도 없었다. 약간의 방황을 했지만 이렇다 할 큰 문제를 일으키거나 사고를 친 적도 없었다. 말 그대로 지극히 평범했다. 그러니 아버지도 내가 평생 평범하게 살아갈 거라 생각하셨던 것 같다.

하지만 군대에 다녀오면서 생각이 많이 바뀌었다. 군대에서 나는 다양한 지역에서 온 사람들, 좋은 대학에 다니다 온 사람들, 부모님이 중소기업 대표인 사람들을 만나면서 스스로 우물 안 개구리 같다고 느꼈다. 지금보다 좀 더 나은 사람이 되고 싶었다. 그래서 군 생활 내내 일과가 끝나면 매일 연병장을 1시간씩 달렸고, 웨이트 트레이닝도 꾸준히 하면서 건강한 몸을 만들었다. 잠들기 전에는 일기를 쓰고 책도 읽었다. 전역 후 내가 만들어 갈 미래에 대한 기대와 꿈을 품고 그것을 실현할 날만을 기다렸다. 고치 속에 숨은 애벌레처럼 나비가 되어 훨훨 날아갈 날만을 기다린 것이다. 그런 내게 아버지는 "너는 절대 나비가 될 수 없다"라고 말했던 것이다.

나는 화가 났다. 아버지에게 화가 난 것이 아니라, 내 안에 잠재되어 있던 성공에 대한 강렬한 욕망을 지금껏 외면해 온 나 자신에게 화가 났다. 당장 가진 것은 없어도 내 안에는 분명 원하는 모든 걸 이루고 누릴 힘이 있었다. 이제 그 힘으로 도전하고 성취할 차례였다. 그 도전과 성취의 대상은 바로 '돈'이었다.

돈은 참 묘하다. 한낱 숫자에 불과하지만 가장 눈부시게 빛나는 종잇장이다. 돈은 그저 수단일 뿐이라고 말하는 사람들이 있지만, 수단이 없다면 목적도 이룰 수 없다. 자본주의 사회에서 돈은 인간의 삶에

전적으로 영향을 미친다. 내가 무언가를 증명하기 전까지 모든 평가의 기준은 내면의 잠재력보다 "그래서 넌 얼마나 벌었는데?"일 뿐이다. 나는 내 안에 잠재된 힘으로 살아가기 위한 그 수단을 갖추리라, 그리고 가능하다면 성과를 증명하고 나중에는 실력으로 평가받는 사람이 되겠다고 다짐했다.

이 책에 담긴 이야기는 그 다짐 이후 지금까지 내가 돈을 벌기 위해 해 왔던 일과 평범한 인간인 나도 할 수 있다는 것을 증명하기 위해 했던 일들에 대한 것이다. 처음 서울에 올라와 어떤 일을 시작했는지부터, 이후 빌딩 중개를 하면서 어느 정도까지 돈을 벌었고, 번 돈으로 실행했던 투자 일화까지 모두 이 책에 기록했다. 실제로 겪었던 경험들을 통해, 돈을 버는 구체적인 방법을 낱낱이 공개했으니, 자본주의 사회에서 돈 때문에 고민하는 사람 혹은 돈을 통해 인생을 역전하고 싶은 사람에게 이 책이 도움이 되기를 바란다.

나는 현재 200억대의 자산을 보유하고 있다. 하지만 단지 이 숫자만으로 내가 성공한 사람이라고 포장하고 싶지는 않다. 세상에는 나보다 열 배, 백 배, 혹은 천 배의 자산을 가졌거나 더 대단한 사람들이 아주 많기 때문이다. 누구나 성공의 비결을 알고 있다. 그러나 알고 있는 것을 즉각 행동으로 옮기느냐 그렇지 않느냐에 따라 무언가를 이루거나 이루지 못하거나 결정된다는 것을 알아야 한다. 나는 독자들이 이 책을 통해 뭔가 큰 교훈을 얻는다기보다는 자신의 삶에서 원하는 모든 것을 당당히 이루고 누리는 데에 약간의 힌트라도 얻어가길 바라는 마음이다. 세상에 그냥 일어나는 일은 없다. 당신의 인생도 투자도 성공하길 바란다.

차례

═══════════ **CHAPTER 1** ═══════════

돈은 갈망하는 자에게 다가온다

돈은
갈망하는 자에게
다가온다

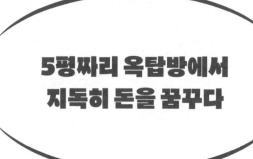

5평짜리 옥탑방에서
지독히 돈을 꿈꾸다

나는 공사 현장 관리직으로 잠시 일하며 모은 300만 원으로 건대 화양동에 5평짜리 옥탑방 원룸을 얻고, 돈을 많이 벌겠다는 목표를 이루기 위해 2008년 당시 빌딩 중개업으로 인지도가 높았던 빌딩전문기업에 취업했다. 그 회사의 오너는 내 인생의 답안지 같은 분이어서 비록 어렵고 힘든 일이 많았지만, 그분을 보며 15년 동안 회사에서 버틸 수 있었다.

2008년 7월에 설렘을 안고 시작한 사회생활은 시작부터 커다란 시련을 가져다주었다. 2008년 9월, 미국발 금융위기, 리먼 브라더스 사태로 인해 부동산 시장이 완전히 침체된 것이다. 2008년 9월 이후 회사에는 단 한 건의 계약도 없었다. 당시 오너나 팀장급들 입장에서는 계약이 없으니 많이 힘들었을 것이다. 하지만 나는 갓 입사한 신입사원이었고, 경제적인 지식도 없는 상태였기에 사태를 심각하게 받아들이지 못했다. 막상 경기가 안 좋다는 걸 체감했다 하더라도 나는 이일을 포기하지는 않았을 것이다. 처음 목표했던 큰돈을 벌기 위해 이일을 시작했고, 반드시 해내야만 했으니까. 또 무슨 일이 생기든 내가 열심히만 하면 좋은 일이 생길 거라는 막연한 희망도 있었다. 지금은 어렵다 해도 어차피 경기는 회복될 것이고, 결국 내게 기회가 올 거라고 믿었다. 어떤 분야에서든 위기는 있고 위기는 모름지기 극복해야 한다는 걸 알고 있었으니까. 지금 생각해 보면 오히려 위기감을 느끼는 매도인(건물주)들과 소통하는 것은 생각보다 쉬운 일이었다.

끈기가 곧 힘이라 했던가. 2009년 1월이 되자마자 위기 상황이 어느 정도 안정되었고, 그사이에 싸게 나왔던 매물들이 빠르게 팔리기 시작했다. 사람들이 다시 건물 투자에 관심을 가지면서 회사에 매수 문의가 늘어나기 시작했다. 하지만 그렇게 팔리는 물건 중 내가 확보한 물건은 한 건도 없었기 때문에 조바심이 났다. 이렇게 건물들이 팔려나가는 와중에 성과를 한 건도 내지 못하면 안 될 것 같다는 생각이 들었다. 그래서 내가 금융위기 때 확보한 건물 중에 가장 위치가 좋은 신사동 가로수길에 위치한 건물주를 만나러 갔다.

그분은 의사였는데 이미 은퇴를 하고 건물 4층에 거주하는 70대의 어르신이었다. 고령이라 승강기가 없는 4층을 오르내리는 데 힘드셨을 테고, 상속이나 증여를 준비해야 했기 때문에 건물을 매각하려는 의지가 높았다. 처음 미팅했을 때 어르신이 매도하고 싶어 하는 가격은 80억 원이었고, 나는 금융위기를 이유로 70억 원까지 가격을 낮춰둔 상태였다. 하지만 70억 원에도 팔리지 않는 상황이었기에 한 번 더 만나서 적정 가격까지만 낮추면 거래가 될 거라는 확신이 들었다. 그렇게 나는 무작정 건물주 어르신을 찾아가 64억 원이면 팔 수 있다고 제안했다. 하지만 어르신은 금액이 너무 낮다며 70억 원과 내가 제안한 64억 원의 중간선인 67억 원에 팔아보라고 하셨다. 나는 고집스럽게 계속 64억 원을 주장하며 억지를 피우다시피 했다. 급기야 어르신의 얼굴이 굳어지더니 67억 원 거래마저도 없던 일로 하고 다음 주에 아들과 상의 후 다시 이야기하자고 하는 게 아닌가. 순간 책에서 읽은 협상법의 한 구절이 생각났다.

**'지금 확정하지 못하면 이후에 금액을 깎기는 더 힘들다.
여기서 아무런 성과 없이 물러서면 안 된다.'**

나는 그분이 아들과 대화를 나누면 계약이 성사되지 않을 것임을 직감할 수 있었다. 절박한 심정에 나는 무릎을 꿇었다. 자존심이고 뭐고 모든 것을 내팽개쳤다. 67억 원까지라도 해 주시면 잘 마무리해 보겠다고 말했다. 간절한 마음으로 무릎까지 꿇은 나를 바라보던 건물주 어르신은 "김 대리, 그럼 67억 원까지 해 보겠나?"라고 물으셨고 나는 무조건 받아들여야 했다. 어르신은 웃으며 수락을 했고, 놀랍게도 그다음 주에 계약을 체결했다. 그렇게 나의 첫 계약이 성사되었다.

아무것도 가진 게 없는 내게 자존심은 사치라고, 차라리 허울뿐인 것들은 내려놓고 결과를 만드는 것이 더 중요하다고 생각했다. 성과는 없으면서 자존심이나 부리는 것은 바보 같은 짓이었다. 지방에서 큰 결심을 하고 서울에 왔는데, 아무것도 얻지 못한다면 그게 더 창피한 일이 아닌가. 비록 당장은 굴욕적일 수 있지만 목표를 이루기 위해 수단과 방법을 가리지 않겠다고 다짐했기 때문에 나의 약함과 인간적인 한계를 받아들이고 상황에 따라 스스로를 낮출 수 있는 것도 용기라고 여겼다. 성공을 향한 나의 간절함이 그러한 용기를 가져다주었다.

그렇게 첫 계약 경험은 나에게 큰 영향을 주었고, 내가 이 길을 계속 걸어갈 수 있겠다는 확신을 얻는 계기가 되었다. 첫 계약의 달콤함으로 그동안의 모든 피로와 걱정을 어느 정도 잊어버릴 수 있었다.

돈에 미쳐 2년 반 만에 팀장이 되다

큰 꿈을 안고 입사한 직장이었지만, 곧 내 기대와는 다른 현실에 부 딪혔다. 선배들은 일을 제대로 알려주지 않았고, 간단한 전화 연락 같 은 단순한 업무만 맡겼다. 가끔 일을 알려주는 선배도 있었지만, 그조 차도 모든 것을 가르쳐 주지는 않았다. 그래서 나는 어깨 너머로 하나 씩 배워야 했다. 당시 나는 일을 할 때 열심히 하는 모습을 보였고, 왜 선배들이 나처럼 열심히 하지 않는지 이해할 수 없었다. 아마도 그런 태도 때문에 선배들이 나를 불편하게 느꼈던 것 같다.

회사에서는 매주 토요일마다 회의를 열어 일주일 동안 몇 개의 매 물을 확보할지 발표하곤 했다. 다른 사람들이 보통 3개 정도의 목표를 제시할 때, 나는 그 두 배인 6개를 목표로 삼았다. 목표를 세우고 그것을 공개적으로 선언하면 더 열심히 노력하게 되어 목표를 이룰 수 있다고 믿었기 때문이다. '꿈이나 목표를 정해서 공언하는 것'의 효과에 대해 이미 책에서 읽은 적이 있었다. 이 기법을 배운 후로 목표한 것을 많이 이뤄나갈 수 있었다. 하지만 선배들 중 일부는 이런 내 행동을 달갑게 보지 않았다. 그들은 자신들이 세운 목표보다 훨씬 높은 목표를 설정한 나로 인해 부담을 느꼈던 것이다.

열심히 일한 결과, 나는 2년 반 만에 팀장으로 승진하게 되었다. 차장 시절부터 나는 직접 직원들을 모아 자발적으로 교육을 시작했는데 회사 차원의 공식 교육은 아니었지만, 선의의 경쟁을 통해 모두 잘됐으면 하는 마음으로 주말마다 시간을 내어 진행했다. 돌이켜보면, 그 시절의 경험들은 나에게 많은 깨달음을 주었다. 엄격한 직장 문화 속에서 나는 더 나은 방법을 찾아야 했고, 사람들과의 관계와 팀워크의 중요성에 대해서도 깊이 생각해 보게 되었다.

내가 팀장으로 일하면서 느낀 가장 큰 교훈은, 단순히 목표를 높게 설정하고 열심히 일하는 것만으로는 진정한 리더가 될 수 없다는 것이다. 진정한 리더란 함께 일하는 동료들을 존중하고 그들의 의견을 경청하며, 그들이 성장할 수 있는 환경을 만들어 주는 사람이라는 것을 알게 되었다. 이러한 깨달음은 내가 지금의 회사를 설립하고 직원들과 함께 성과를 이루는 과정에서 든든한 밑거름이 되었다.

오랜 시간 몸담았던 회사는 내게 많은 것을 가르쳐 주었지만, 어느 순간부터 나는 권태감을 느끼기 시작했다. 그곳에 머물면 더 이상 성장할 수 없다는 생각이 점점 강해졌다. 그 이유는 바로 회사의 구조적인 시스템 때문이었다. 회사는 팀장이 모든 것을 책임지는 구조로 운영되었고, 팀장이 되면 월급은 거의 사라지며 성과에 따라 수익을 회사와 나누는 방식이었다. 이와 같은 시스템은 많은 사람에게 큰 부담이 되고 있었고, 경쟁에서 밀려난 사람들이 결국 업계를 떠나는 경우가 많았다. 특히 내가 키운 후배들이 팀장이 된 후, 영업 성과가 없어 좌절하고 회사를 떠나는 모습을 볼 때마다 마음이 아팠다. 내가 그들에게 도움을 줄 수 없다는 현실은 나를 더욱 힘들게 했다.

한번은 열심히 지도하던 후배 두 명이 팀장이 된 후 결국 퇴사했다는 소식을 들었다. 그때는 속상한 마음에 끊었던 담배를 다시 피우기도 했다. 후배들이 하나둘씩 회사를 떠나는 모습을 지켜보며, 나는 깊은 고민에 빠졌다. 회사의 구조는 더 이상 나와 내 후배들이 함께 성장할 수 있는 환경을 제공하지 못하고 있었다. 물론, 회사에서의 내 자리는 편안했다. 경제적으로 부족함이 없었고, 건물 두 채와 강남의 아파트를 매입하여 안정적인 생활을 누리고 있었기 때문이다. 하지만 내 안에는 직원들과 함께 더 큰 성장을 이루고 싶다는 열망이 자리

잡고 있었다. 나는 나뿐만 아니라 내가 키운 후배들도 많은 돈을 벌고, 계속 일을 할 수 있는 환경을 제공해야 한다는 책임감을 느꼈다.

고민 끝에, 나는 회사에서 함께 일하던 직원 40명을 데리고 나와 새로운 회사를 창업하기로 결심했다. 나의 목표는 명확했다. 단순히 성과를 배분하는 것이 아니라, 직원들과 함께 성장하며 진정한 파트너십을 구축하는 회사를 만드는 것이었다. 그동안의 경험을 바탕으로 직원들이 팀장이 되어도 안정적으로 일할 수 있는 환경을 제공하고, 성과에만 의존하지 않고 지속적으로 성장할 수 있는 시스템을 만들고자 했다.

창업 후 지금의 나는 과거에 느꼈던 한계를 벗어나, 직원들과 함께 새로운 길을 걷고 있다. 전 직장에서 함께 나온 직원들에게는 회사 지분도 일부 나눠 주었고, 그들을 식구라 생각하며 서로 협력하고 있다. 오너로서의 책임은 무겁지만, 이 결정에 후회는 없다. 창업을 결심한 이후, 나는 오히려 마음이 한결 편해졌다.

전 직장에서의 경험이 내게 큰 자산이 되었다는 점은 부인할 수 없는 사실이다. 전 직장에서 나는 영업의 기본부터 사람을 상대하는 법, 그리고 리더십의 중요성까지 배울 수 있었다. 내가 오늘날 이 자리에 올 수 있었던 것도 그 배움들이 있었기에 가능했다. 나는 앞으로도 과거의 성취에 안주하지 않으려 한다. 함께 성장할 수 있는 회사를 만들고, 직원들과 진정한 파트너십을 형성하고 싶다. 그들과 함께 도전하고 배워가는 회사야말로 내가 꿈꾸는 이상적인 모습이다. 이제는 내가 그 꿈을 현실로 만들 차례다.

5년 만에
200억을 만든 투자법

"성공은 자취를 남긴다."

브라이언 트레이시가 어느 강연에서 한 말이다. 이 말은 빌딩 투자에도 그대로 적용된다. 성공한 사람들의 발자취를 따라가는 것이 투자나 비즈니스에서 중요한 전략이기 때문이다. 우리는 종종 연예인들의 빌딩 투자 성공 사례를 뉴스에서 접하게 되는데, 단순히 이슈거리로 넘기기보다 거기서 배울 수 있는 점을 찾아야 한다. 먼저, 두 가지 사례를 소개하겠다.

첫 번째는 2015년에 연예인 B 씨가 합정역 근처에 150평의 낡은 건물을 93억 5천만 원에 매입한 사례다. 이때 대출은 65억 원을 받았고, 자기 자본은 28억 5천만 원이었다. 2018년에 이 건물을 135억 원에 매각하여 3년 만에 41억 5천만 원의 자본 이득을 남겼다. 두 번째 사례는 2019년에 연예인 C 씨가 강남구 역삼동에 있는 언주역 역세권의 83평짜리 대지를 58억 원에 매입한 경우이다. 이때 대출은 52억 원, 즉 매매 금액의 90%에 달하는 대출을 받았다. 2021년에 건물을 신축하면서 17억 원의 추가 대출을 받아, 총 매입 원가는 약 90억 원에 이르렀다. 그리고 2022년에 이 건물을 150억 원에 매각하여 60억 원의 차익을 남겼다.

이 두 사례에서 우리는 다음과 같은 중요한 교훈을 얻을 수 있다. 첫째, 두 사람 모두 법인 투자를 했다. 둘째, 풀 레버리지, 즉 대출을 최대한 활용했다. 셋째, 마포구와 강남구 같은 서울 주요 지역의 역세권에 투자했다.

풀 레버리지 대출에 대해 일부 사람들은 거부감을 가지거나 불안해할 수 있다. 그러나 대출을 긍정적인 도구로 바라보는 관점이 중요하다. 은행에서 대출을 받는 것은 시간을 사는 것이나 마찬가지다. 시간을 사기 위해서는 수입, 신용등급, 자산을 철저히 관리해야 한다. 이 세 가지 요소를 잘 관리하지 못하면 70~80%의 대출은 받을 수 없다. 대출을 많이 받으면 망한다고 생각하는 사람들도 있지만, 이는 잘못된 고정관념이다. 성공 사례의 투자자들은 철저한 계산과 준비를 통해 대출을 활용했다. 이런 성공 사례를 벤치마킹해서 실패할 확률을 줄여야 한다.

나 역시도 많은 사람의 투자 사례를 보면서 성공적인 투자를 했다. 요즘 세상은 정보 접근이 매우 쉬워, 어디서든 필요한 데이터를 손쉽게 얻을 수 있다. 성공을 위해서는 누군가의 근거 없는 이야기에 휘둘리지 말고, 신뢰할 수 있는 데이터를 기반으로 접근해야 한다. 많은 이들이 내가 어떻게 5년 만에 200억 원의 자산을 쌓았는지 궁금할 것이다. 결론부터 말하자면, 나의 성공은 단순한 행운이 아닌 치밀한 계획과 과감한 결단이 만들어 낸 결과였다.

앞서 말했듯 2008년 9월, 전 세계를 강타한 금융위기는 내 커리어에 큰 영향을 미쳤다. 당시 한동안 제대로 된 일거리를 찾지 못하고 지냈다. 그래도 2011년에는 열심히 일해 약 4천만 원 정도의 돈을 모았고, 그 돈으로 자양동의 반지하 투룸으로 이사할 수 있었다. 그 집은 반지하라 습기가 많고, 영화 '기생충'에 나오는 주인공의 집처럼 화장실이 조금 올라가 있는 구조였다. 하지만 원룸에서 살다가 투룸으로 옮기니 궁전으로 이사한 기분이었고, 앞으로 뭘 하든 잘 해낼 수 있으리라는 막연한 자신감마저 생겼다.

이후 나는 회사에서 팀장이 되었고, 결혼 후 양재동의 보증금 9천만 원에 월세 45만 원짜리 집으로 이사했다. 집이 넓어지고, 거주 환경이 좋아지면서 커리어와 함께 내 인생이 성장하고 있음을 느낄 수 있었다. 2013년에는 전세 1억 7천만 원짜리 투룸으로, 2014년에는 쌍둥이 아이들이 태어나며 더 넓은 공간이 필요해져 보증금 3억 7천만 원의 신축 3룸 빌라로 이사했다. 이 시기부터는 해마다 한 번씩 이사를 다녔다.

　지방에서 올라온 나에게 서울은 꿈의 도시였고, 서울의 심장이라 할 수 있는 강남에 깃발 하나를 꽂는 것은 나의 열망이었다. 그래서 2015년, 드디어 강남에 서초진홍아파트를 구입하게 되었다. 이것이 나의 첫 번째 투자였다. 아내도 처음에는 아파트를 샀다는 소식에 기뻐했지만, 집을 직접 보고 나서는 너무 오래되고 낡은 아파트라며 실망감을 감추지 못했다. 하지만 나는 이 아파트가 거주지 이상으로 큰 성공을 안겨주리라는 것을 직감할 수 있었다.

　당시 나는 현금으로 약 3억 원 정도를 가지고 있었는데, 아파트를 구입할 때 취득세까지 포함해 총 10억 원을 들였다. 즉, 대출 비율이 무려 70%에 달했다. 이자가 결코 적지 않았지만, 처음으로 강남땅에 내 명의로 등기된다는 사실에 가슴이 벅차올랐다. 게다가 그 집을 산 후, 시간이 지날수록 집값이 오르는 것을 보며 나는 빠르게 더 큰 목표를 세웠다. 바로 강북에 수익이 나는 건물을 구입하는 것이었다.

2017년에 나는 아내와 함께 강북에 있는 한 건물을 공동명의로 구입했다. 매입가는 취득세까지 포함해 약 29억 원이었으며, 거의 풀대출을 써서 구매했다. 건물에서 20억 원을, 아파트를 담보로 2억 9천만 원을 대출받았고, 내 자본금은 5억 원도 채 되지 않았다. 이 건물은 매달 약 500만 원의 수익을 내주며 우리의 생활에 큰 안정감을 가져다주었다. 강북의 건물을 선택한 이유는 간단했다. 처음 투자할 때 내 자본이 적었기 때문에 감당할 수 있는 이자 구조를 고려해야 했고, 이 건물이 그 조건에 부합했다. 그와 동시에, 내 직원들이 어느 지역을 답사할 때 "저거 내 건물이야"라고 자신 있게 말할 수 있는 건물이 하나쯤은 있기를 바랐기 때문이다.

이후 나는 여러 고객의 성공 사례를 지켜보며, 자산가로 도약하려면 강남에 건물을 소유하는 것이 필수적이라는 결론에 도달했다. 내 고객 중에는 100억 원에 건물을 사서 120억 원에 팔거나 150억 원에 매입하여 300억 원에 매도한 사람들도 있었다. 그런데 이런 사례들은 모두 강남에서 이뤄졌고, 그만큼 강남이 부동산 시장에서 가지는 의미는 남달랐다. 그래서 나 역시 강남에 건물을 사야겠다는 굳은 결심을 하게 되었다. 그 결심이, 바로 내가 부의 추월차선에 올라탄 순간이었다. 그때부터 나는 더 이상 단순히 돈을 벌기 위한 수단으로서만 부동산을 본 것이 아니라, 그것이 내 자산을 극대화할 수 있는 결정적인 도구란 사실을 확신하게 되었다.

첫 번째 아파트 투자와 두 번째 건물 구입 후, 나는 자산을 보다 효율적으로 불리기 위해 새로운 전략을 세웠다. 단순히 돈을 모아 투자하는 방식으로는 자산을 크게 증식하기가 어렵다는 사실을 깨달았기 때문이다. 그래서 소득의 대부분을 2015년에 세운 법인을 통해 관리하기 시작했다.

법인을 설립한 가장 큰 이유는 세금이었다. 개인 소득으로는 수익을 올릴 때마다 종합소득세로 막대한 금액을 납부해야 했다. 예를 들어, 내가 연간 5억 원을 벌면 약 45%에 해당하는 금액을 세금으로 내야 한다. 이런 방식으로는 강남에 건물을 사기까지 너무 오랜 시간이 걸릴 것 같았다. 반면, 법인은 개인과 달리 영업이익이 200억 이하일 때는 19%의 법인세만 납부하면 되기 때문에, 10억 원을 벌어도 8억 원이 남는다. 즉, 법인을 통해 자금을 모으는 방식이라면 더 빠르게 자산을 축적할 수 있다.

강북에 건물을 구입한 경험을 바탕으로 나는 오랜 시간 꿈꿔왔던 강남 건물을 소유하기로 결심했다. 2020년 6월, 나는 신사동에 위치한 대지 55평, 건물 155평 규모의 건물을 매입했다. 이 건물은 2종 일반 주거지역에 속해 있었지만, 용적률을 250%까지 받아 3종에 준하는 용적률을 얻을 수 있었다. 나는 용적률 이득을 포기하지 않고, 리모델링과 대수선을 진행해 건물의 가치를 극대화하기로 했다. 타임라인을 살펴보면, 2022년 3월에 전 층 명도를 완료했고, 같은 해 7월에 건축 허가 및 해체 심의를 마쳤다. 2023년 3월에 리모델링 공사를 마치고, 두 달 만에 전 층 통으로 임대차 계약을 체결했으며 첫 임대료를 받았다. 이후 2023년 11월에는 매매 계약을 체결해 매매를 완료했다.

이 건물을 매수할 당시인 2020년의 시장은 부정적인 분위기였다. 코로나19로 인해 경제가 불안정했고, 그 여파로 부동산 시장도 가라앉아 있었다. 그때 이 건물을 46억 7천만 원에 매입했고, 취득세와 기타 비용을 포함해 총 50억 원 정도를 투자했다. 이후 운영을 하다가 2022년에 명도를 마치고 대수선을 진행했으며, 이 과정에서 약 10억 원의 추가 비용이 들었다. 결과적으로 총 투자 금액은 약 60억 원에 달했다. 매입 당시 38억 원의 대출을 받았고, 대수선 비용으로 추가 9억 5천만 원의 대출을 받았다. 결국 내 돈은 약 12억 원이 들어갔다. 이후 이 건물을 100억 원에 매각했고, 대출을 상환한 후 남은 양도차익은 약 40억 원에 달했다. 이는 실투자 금액 대비 수익률로 따지면 300%가 넘고 투자한 금액의 3배가 넘는 수익을 거둔 셈이다.

많은 사람이 내가 이 건물을 잘 팔았고, 돈을 많이 벌었다고 생각할 것이다. 하지만 꼭 그렇지만은 않다. 만약 1~2년만 더 기다렸다면, 최소 5~10억 원은 더 받을 수 있었을 것이다. 그럼에도 불구하고 이 내역을 공개하는 이유는, 내가 사보고, 명도해 보고, 공사해 보고, 임대차를 맞춰 보고, 매각까지 해본 경험을 공유하고자 함이다. 이 경험을 바탕으로 고객들에게 컨설팅을 제공하고 있으며, 직원들에게도 간접적으로 교육을 하고 있다.

처음에는 신사동 건물을 110억 원에 내놓았지만, 매수인이 100억 원이면 바로 계약하겠다고 제안했다. 나는 잠시 고민하다가 결국 100억 원에 매각하기로 결정했다. 이 건물에서 나오는 월 임대료가 3,100만 원 수준이었기 때문에 주변에서도 매각을 말리는 사람들이 많았다. 임대료 수익이 매매 금액 대비 매우 잘 나오는 편이었기 때문이다. 하지만 나는 팔기로 결정했다. 무릎에 사서 어깨에 판다는 말이 있듯이 처음에 싸게 잘 샀고, 시장 상황도 좋아져서 가격이 많이 오른 상황이었다. 새로운 기회를 위해서는 때로는 과감하게 결단을 내려야 한다. 매수인도 좋은 조건에 건물을 사게 되어 만족할 것이고, 나 역시 다음 단계로 나아갈 수 있는 기반을 마련할 수 있는 기회였다.

매각 과정에서 임차인 문제가 걱정될 수 있었지만, 나는 미리 임대차 계약 체결 시 특약 조항에 임대인이 변경되더라도 승계에 동의한다는 내용을 포함시켜 놓았다. 그래서 특별한 문제 없이 순조롭게 매각할 수 있었다. 임차인도 이미 인테리어 비용을 투자한 상태라, 큰 문제가 발생하지 않을 것이라고 확신했다. 신사동 건물은 강남에서도 상급지에 위치하고, 코너 건물이라는 장점 덕분에 높은 가치를 지닌 매력적인 투자처였다. 이런 좋은 조건을 가진 건물을 매각한 것은 조금 아쉬웠지만, 앞으로도 충분히 좋은 기회를 찾을 수 있다고 믿으며 아쉬움은 뒤로했다.

건물 매각을 결심한 가장 중요한 이유는 회사를 창업하며 발생한 비용 때문이다. 나는 오랜 시간 동안 쌓아온 노하우를 직원들에게 전수하고, 그들과 함께 성장하는 회사를 만들고 싶었다. 내가 좋아하는 사람들과 함께 일하고, 그들과 함께 회사를 키워나가는 것이 나의 궁극적인 목표였다. 이를 실현하기 위해서는 직원들이 최선을 다해 일할 수 있는 좋은 근무 환경이 필요했다. 신사동 건물 매각은 부동산 거래 이상으로, 직원과 회사에 투자하는 과정의 일환이라는 의미가 있었다. 즉, 나와 함께하는 사람들이 성장하고 꿈을 꿀 수 있는 기반을 마련하기 위한 선택이었다.

2008년 처음 빌딩 중개업에 발을 들였을 때만 해도, 지방에서 올라와 옥탑방 원룸에서 생활하던 내가 12년 만에 강북과 강남에 각각 건물을 두 채나 소유하게 될 것이라고는 상상도 하지 못했다. 돌이켜보면 운이 좋았던 순간들도 많았다. 내가 강남 아파트를 매입할 당시 아파트 시장은 하락기를 맞아 바닥을 찍고 있었고, 금리도 낮았다. 저금리 환경과 부동산 시장의 흐름 덕분에 빚을 내서 아파트와 건물을 사들이는 것이 유리한 시기였다. 내가 빠르게 부동산 투자에 눈을 뜬 이유는 아마도 내가 하는 일이 바로 빌딩을 매입하고 중개하는 일이었기 때문일 것이다. 나는 이 일을 정말 사랑했고, 덕분에 투자 기회를 남들보다 빨리 잡을 수 있었다. 빌딩 중개업은 내게는 돈을 벌기 위한 수단일 뿐 아니라, 내가 앞으로 무엇이든지 될 수 있다는 희망을 안겨준 일이었다.

거지는 발버둥을 쳐도 거지로 남는다

많은 사람이 지금의 내 모습만 보고 쉽게 큰돈을 벌었다며 오해한다. 사실은 전혀 그렇지 않다. 부자가 되는 길은 결코 쉽지 않았고, 그만큼 많은 노력과 시련이 있었다. 최근 부자가 되고 싶어 이 일에 뛰어든 사람들과 이야기를 나눌 기회가 있었다. 불과 1~2년 일했을 뿐인데 너무 어렵고 힘들다며 포기하고 싶다는 말을 했다. 심지어 돈을 어떻게 모아야 할지도 모르겠다는 말을 하는데, 솔직히 그런 말을 들으면 답답할 때가 많다. 정답은 우리 모두가 알고 있지 않은가. 돈을 모으려면 열심히 일하고, 아껴 써야 한다. 그러나 많은 사람이 어느 정도 돈을 모으면 금방 써버리고 만다. 참을 수 없는 것이다. 하지만 나는 정말 오랫동안 참고 인내했다. 먹고 싶은 것을 덜 먹고, 가고 싶은 곳을 덜 가고, 10년 넘게 같은 차를 타고 다니면서 그 돈을 모아 투자에 사용했다.

사다리의 밑바닥에 머물고 싶지 않다면 가난한 이들과 다르게 생각하고, 행동하고, 반응하는 것을 주저해서는 안 된다. 부자가 되기 위해서는 눈앞의 유혹을 이겨내야 한다. 먹고 싶은 것을 참고, 가고 싶은 곳에 가는 것도 포기할 줄 알아야 한다. 그러면서 돈이 어디로 새는지 철저히 통제하는 것이 중요하다. 또 하나 중요한 것은 목표를 세우고 그 목표를 달성하기 위한 계획을 실행하는 것이다. 나는 강남의 건물주가 되겠다는 장기적인 목표를 세우고 끈기 있게 달려왔다. 당장 눈앞의 이익에만 급급하면 큰 목표를 이루기 어렵다. 조급한 마음으로 남들이 얼마를 벌었는지 부러워하는 것보다는, 자신의 일을 열심히 하고 아껴 쓰는 것이 성공의 비결이다.

건물주가 되기 위해 가장 중요한 것은 구체적인 목표를 설정하는 것이다. 언제까지 얼마의 자금을 모으고, 어느 지역의 어떤 건물을 구매할지를 명확히 정해두고 이를 향해 꾸준히 나아간다면, 목표에 한 걸음 더 가까워질 것이다. 또한 건물 투자를 결정한 후에는 매각할지, 아니면 임대 소득을 유지할지 고민하게 될 것이다. 이러한 고민이 있을 때 필요하다면 전문가의 조언을 받아보는 것도 큰 도움이 된다. 빌딩 투자는 단기적 수익만큼이나 장기적 계획이 중요하기에 잘못된 결정은 나중에 큰 손실로 이어질 수 있다. 건물주라는 것이 하루아침에 이뤄지는 목표가 아니지만, 명확한 계획과 실천 의지가 있다면 충분히 현실이 될 수 있다. 내가 가고자 하는 길과 최종 목적지가 어디인지 스스로에게 묻고, 그 답을 향해 한 걸음씩 나아가 보자.

건물주가 되려면 적어도 10억 원 정도의 시드머니가 필요하다. 하지만 이 돈만으로는 부족하므로 대출을 활용해야 하며, 대출을 받으려면 신용 관리가 필수다. 나는 신용도가 매우 좋은 편이라, 자산을 담보로 대출을 받고 그 돈으로 투자를 이어갈 수 있었다. 작은 건물부터 시작해 리모델링을 하고, 자산 가치를 높여가는 것이 부자가 되는 방법이다. 건물주가 되는 길은 누구에게나 열려 있는 것이 아니다. 피나는 노력과 인내, 그리고 약간의 행운이 필요하다. 또한, 주변에 좋은 사람들이 있어야 한다. 뻔한 이야기일지 모르지만 다른 길은 없다. 단기적으로 생각하지 말고 장기적인 목표를 세우고 하나씩 실천해 나간다면, 건물주뿐만 아니라 어떤 목표든 이룰 수 있을 것이다.

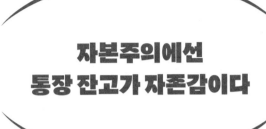

자본주의에선
통장 잔고가 자존감이다

많은 사람이 자산에 대해 이야기할 때, 부채를 포함한 금액을 자산으로 간주한다. 부채는 자산을 취득하는 과정에서 필연적이고, 좋은 빚은 미래의 자산 가치를 증가시키는 데 기여한다. 반면, 소비로 인한 나쁜 빚은 자산이 아닌 부담으로 남게 된다.

부자들이 대출을 갚지 않는 이유는 그들이 대출을 '자산을 불리는 도구'로 활용하기 때문이다. 대출을 통해 좋은 자산을 취득하고, 이를 통해 수익을 창출하는 것이 부자들의 전략이다. 반면, 신용카드 할부로 값비싼 물건을 구매하는 등 나쁜 빚에 빠져 미래의 소득을 끌어다 쓰는 사람들은 결코 부자가 될 수 없다. 소득을 넘어선 소비 습관은 부를 축적하는 데 방해가 될 뿐이다.

빌 게이츠는 "태어날 때 가난한 것은 너의 잘못이 아니지만, 죽을 때도 가난한 것은 너의 잘못이다"라고 말했다. 그의 말은 우리가 현재의 소비 습관을 점검하고, 부를 축적하기 위한 계획을 세워야 한다는 걸 의미한다. 과거에 나는 돈을 모으기 위해 소비를 철저히 통제했다. 신용카드가 아닌 체크카드를 사용하며 매번 소비할 때마다 통장의 잔액을 확인했고, 소비에 대한 경각심을 가졌다. 체크카드를 쓰면서 내게 진정으로 필요한 것이 무엇인지 깨달았고, 불필요한 소비를 줄일 수 있었다. 이렇게 모은 돈은 이후 투자에 요긴하게 사용되었다.

결국, 부자가 되기 위해서는 나쁜 빚을 피하고 좋은 빚을 전략적으로 활용해야 한다. 대출을 통해 자산을 취득하고, 그 대출을 갚기보다는 새로운 투자 기회를 찾는 것이 부자들의 방식이다. 우리는 미래의 소득을 끌어 쓰는 습관을 버리고, 시드머니를 마련해 그것을 지렛대로 부를 쌓아가는 방법을 찾아야 한다.

빌딩 투자에서 얻을 수 있는 수익은 두 가지로 나뉜다. 임대수익과 자본수익이다. 풀 대출 전략은 자본수익에 초점을 맞춰 매입하는 것이다. 풀 대출은 보통 80% 이상의 대출을 의미한다. 예를 들어, 자기 자금이 30억 원 있는데 100억 원짜리 건물을 산다고 하면, 70억 원 대출을 받는 것이 일반적이다. 그러나 나는 80억 원 대출을 받으라고 권장한다. 이 10억 원의 여유 자금은 나중에 발생할 수 있는 시장 변동, 공실, 외부 요인 등 변수에 대응하기 위해 필요하다.

빌딩 대출의 이자는 아파트 대출과 다르게 원금과 이자를 함께 갚지 않아도 된다. 빌딩 투자는 대출 금액에 대한 이자만 납부하면 되기 때문에, 임대수익으로 이자를 충당하면서 자본수익을 기대할 수 있다. 예를 들어, 100억 원짜리 건물의 임대수익률이 연 3%라면 약 3억 원의 임대수익이 발생한다. 대출금리가 4%라면 연간 이자 비용은 약 2억 7천만 원으로, 임대수익으로 이자 비용을 충당하고 보유세를 낸 후 남는 금액이 없더라도 자본수익을 위해 투자할 가치가 있다. 물론, 대출을 받는 것에는 위험이 따른다. 만약 임차인이 임대료를 연체하기라도 한다면 어떻게 될까? 이런 경우에 대비하기 위해 풀 대출로 여유 자금을 남겨두는 것이 좋다는 것이다. 여유 자금은 임차인의 연체로 인한 일시적인 공백을 메우는 데 사용될 수 있다. 또한, 대출 만기가 도래했을 때, 기존 대출을 상환하지 않고 새로운 대출로 전환할 수 있는 전략도 필요하다. 이는 대환대출을 통해 더 유리한 조건으로 대출을 연장하는 방법이다.

풀 대출을 활용하는 또 다른 이유는 상급지로의 접근이다. 30억 원의 현금을 가지고 30억 원짜리 건물을 사려 한다면 땅이 작거나 위치가 좋지 않은 경우가 많다. 그러나 30억을 가지고 70%의 대출을 받으면 100억 원짜리 상급지 건물에 투자할 수 있다. 상급지는 강남, 역세권, 대로변 등 입지가 좋은 지역들이다. 이러한 지역에 투자하는 것이 장기적으로 더 안전한 선택이 될 수 있다.

자본주의에서는 결국 돈이 많은 사람이 승리한다. 따라서 풀 대출을 통해 감당 가능한 수준의 대출을 받고, 여유 자금을 남겨 상급지로의 투자를 실현하는 것은 좋은 전략이 될 수 있다. 부동산은 사고 나서 기다리는 것이지, 기다렸다 사는 것이 아니다. 풀 대출 전략을 이해하고 활용할 수 있다면, 부의 사다리에서 다음 단계로 도약할 준비가 되어 있는 것이다.

부자가 되기 위해서는 용기와 절제가 필요하다. 누구든지 나쁜 소비 습관과 좋은 빚을 통해 자산을 불릴 수 있다. 불필요한 소비를 줄이고, 모은 돈으로 신중하게 투자하는 습관을 들이자. 그렇게 한다면 어느 순간 여유 있는 삶을 살고 있는 자신을 발견할 것이다. 태어났을 때는 부자가 아니었더라도, 지금부터 절제와 투자를 통해 부자가 될 수 있다. 앞으로 부자가 될 여러분의 길을 응원한다.

CHAPTER 2

성공을
가로막는 것들

거절에 대한 두려움

영업은 거절로부터 시작되는 일이다. 그러나 처음 영업을 배우는 직원들은 여러 가지 이유를 대면서 거절당할까 봐 두려워 고객에게 전화를 하지 못한다.

'아, 지금 전화하려고 했는데 점심시간이네.'

'지금은 저녁 시간이긴 하지만 전화를 하기에는 좀 늦었네.'

'지금 전화하면 일하느라 바쁘시겠지?'

직원들이 왜 이 핑계 저 핑계를 대며 고객에게 전화하기를 꺼리는지 잘 알고 있다. 나도 처음에는 거절당하는 것이 두려워서 고객과의 전화나 만남을 마냥 피하고 싶던 때가 있었다. 하지만 계속 뭔가 제안을 해야 거절도 나오고 승낙도 나오는 것이다. 물론 100번 제안을 한다고 해서 100번 다 승낙을 얻어낼 수는 없다. 아마 100개 중에 승낙은 1~2개일 뿐이고 나머지는 다 매몰찬 거절일 수도 있다.

"거절로 인한 충격은 젊은 사람들에게는 너무나 큰 것이어서, 이 말을 듣게 되면 자신을 돌아보고 약점이나 결점을 극복한 뒤, 전보다 더 유능한 사람으로 변모하는 모습을 볼 수 있다. 'No'라는 말을 들었을 때 대부분의 사람은 오랫동안 낙담할 수도 있지만, 의지가 강한 사람들은 오히려 자극을 받아 더 강해진다."

포브스가 선정한 세계 10대 세일즈맨 엘머 레터만의 『거절당한 순간 영업은 시작된다』에서 읽은 구절이다. 나는 계속 시도해야 하는 이유가 여기에 있다고 생각한다. 다른 사람의 거절을 계속 경험하면서 내 실력에 대한 의심도 하게 되고 더 준비를 철저히 해야겠다는 대안도 나오면서 지속적으로 거절에 대처하는 나만의 방식이 생겨난다. 처음에는 누구나 시도를 많이 해야 하고 거절에 익숙해지면 내공이 쌓이게 된다.

내가 처음 빌딩 중개업에 발을 들였을 때 "이제 이 일 말고는 다른 걸 선택할 수 없다"라고 생각했다. 여기서 무릎을 꿇을지언정 다시 고향으로 내려갈 수 없는 상황이기도 했다. 벼랑 끝에 있었기 때문에 생각만으로 '이건 안 돼, 저건 안 돼'라고 단정 짓기보다 '남들보다 더 나아지려면 어떻게 해야 할까'를 고민하며 매일 책을 읽었다. 내가 시도한 모든 것들은 책에서 얻은 지혜다. 책 속에는 인생에 모든 답이 있다. 그렇다고 엄청난 다독가는 아니지만, 책이 주는 힘은 무시할 수 없다.

나는 시도나 실행, 행동에 대해 직원들에게 자주 이야기한다. 행동하지 않으면 아무것도 바뀌지 않는다. 우리 일은 자신이 한 만큼 돈을 벌 수 있는 직업이다. 그렇게 인정받기 위해 앞뒤 안 가리고 달려가는 사람이 과연 돈을 적게 벌 수 있을까? 절대 그렇지 않을 것이다. 시도는 실패가 아니다. 오늘 100번을 거절당했다면 그 거절을 통해 100번의 성장을 한 것이나 다름 없다. 결국 시도는 경험으로 남는다.

나는 남들이 회피하고 싶은 상황에 더 먼저 달려가서 부딪치려고 했던 것 같다. 어차피 가야 하는 길이고 미룬다고 해서 상황이 달라지는 것도 아니기 때문이다. 나는 건물을 내놓은 매도인들에게 전화해서 무지성으로 계속 매각 금액을 깎아달라고 제안했다. 거절에 대해 너무 깊게 생각하지 않고 매도인과 매수인들에게 거절이 예상되는 무리한 조건을 제안하는 시도를 하면서 많은 계약을 따낼 수 있었다.

그러면서 느낀 것은 '아, 사람들이 의외로 망설이면서 많은 시도를 하지 않고 최선의 노력하지 않는구나'였다. 나중에는 전화 스킬이 늘어서 오랜 시간 말하지 않고도 핵심만 탁탁 집어주는 것만으로도 금액을 깎을 수 있게 되었다. 그만큼 내가 가진 소극적인 성격과 불편한 마음을 깨려고 노력했다. 당장은 눈에 안 보일지 모르는 노력을 계속해 나가는 것이 중요하다는 생각을 하게 된 계기였다.

어쩌면 회피는 기회를 잃어버리는 것을 의미할지도 모른다. 거절당할까 봐 시도조차 하지 못하고 놓쳐버린 수많은 기회들에 대해 나중에 후회하지 않으려면 좀 더 적극적으로 반응할 필요가 있다. 즉 '거절당해도 타격받지 않는 힘'을 기르는 것이다. 설득할 때도 상대방이 당혹감이나 거부감을 느낄 정도로 강하게 다가가서는 안 된다. 〈해와 바람〉이라는 이솝우화에 나오는 해처럼 부드럽고 따뜻하게 다가가는 법을 배워야 한다.

거절당하는 경험이 썩 유쾌하지는 않지만 영업하는 사람이라면 일상적으로 일어나는 거절에 대해 좀 더 반전적인 생각을 할 필요는 있다. 나름대로 큰마음을 먹고 시작한 일인 만큼 반드시 성공해야 하지 않겠는가. 고민이 없는 성장은 없다. 일상에 아무 일도 일어나지 않는다면 과연 성장할 수 있을까? 고통이 있어야 성장도 있는 법이다.

시기 질투하는 어리석음

인간은 원래 시기와 질투의 동물이다. TV 드라마를 봐도 남에게 지고 못 사는 사람들이 자주 등장한다. 나 역시 우리 팀이 잘되었으면 좋겠다는 마음으로 팀원들을 교육하고 실적도 열심히 올렸지만, 그런 내 모습을 꼴 보기 싫어하는 사람들에게 욕먹는 일이 많았다. 만약 당신이 나름대로 회사에서 일을 잘하고 있는데 갓 들어온 신입이 아주 의욕적으로 일을 하고 윗사람들에게도 살갑게 잘하며 예쁨을 받는다면 어떻겠는가. 위기감과 동시에 시기, 질투하는 마음이 자연스럽게 올라올 것이다.

직원 수가 많지 않았던 전 직장 입사 초기에 나는 내 물건에 대해

PPT를 만들어 전 직원 앞에서 발표를 했다. 당시에는 돌아가면서 그런 발표를 하는 것이 아니라 "누가 할래?" 하면 "저요!" 하고 지원했던 때다. 회의를 주관하는 이사님이 매번 누가 할 거냐고 물으면 나 혼자 손을 들었다. 보통 사람들은 지적받고 욕먹는 것을 두려워하고 싫어한다. 그렇지만 나는 지적이나 욕먹는 것에 두려움을 느끼기보다 그냥 지적받고 빨리 성장하고 싶은 마음이 더 컸다. 그래서 매주 계속 손을 들었다. 나중에는 이사님이 넌 그만하라고까지 말할 정도였다.

나는 주변 사람들이 나를 봤을 때 "쟤 왜 저래?"라는 생각이 들 만큼 일에서만큼은 적극적이었고 공격적이었다. 남들과는 약간 궤를 달리해야 성공할 수 있다고 믿었기 때문이다. 어느 회사나 잘해도 욕먹고 못해도 욕먹는 건 마찬가지이니 이왕이면 잘하면서 욕먹는 게 더 낫지 않은가. 사실 열심히 일하는 사람을 보며 시기, 질투하는 건 바보 같은 짓이다. 나는 그런 사람들의 경계와 시기, 질투가 지금의 나를 만들었다고 생각한다. 그게 나를 더 독하게 만들었다. 차라리 인정하고 멋지게 라이벌 의식을 갖게 만들어 줬으면 오히려 내가 좀 마음의 안정을 느끼며 천천히 가도 괜찮다고 생각했을 수 있는데 비뚤어진 관점으로 바라보는 사람들이 많았기 때문에 더 끈질기게 이 일을 해 왔는지도 모르겠다.

분명히 얘기하는데 그런 사람을 경쟁에서 이기려면 그냥 방치시키면 된다. 자꾸 찌르지 마라. 예를 들어서 당신이 회사에서 경쟁하는 사람에게 이기고 싶다면 건들지 말고 그냥 내버려 둬라. 방치하면 알아서 무너지게 되어 있다. 사람이 어느 정도 계약을 따내고 회사에서 인정을 받고 나면 "나 이 정도로 열심히 일했으니까 좀 쉬어도 되겠다"는 마음이 들기 마련이다. 그러니 계속 건드릴 필요가 없다. 오히려 시기, 질투하는 걸 자꾸 드러내는 게 상대방의 경쟁심을 자극하는 일이다. 다른 사람들의 평가나 자극에 감정적인 대처보다는 내 일에 집중하고 내 것을 하나 더 가지려고 욕심내는 것에 집중해라.

나도 예전에는 책 한 구절만 읽어도 열정이 불타오르던 때가 있었는데 경력 18년 차가 된 지금은 웬만해서는 열정이 살아나지 않는다. 하지만 입사 초기에는 조그마한 동기부여에도 나무에 불씨를 태우듯 활활 타오르게 된다. 나의 열정이 충만할 때 남들의 말과 평가에 신경 쓰지 말고 앞만 보고 달려야 한다. 100% 노력하던 사람도 경력이 좀 쌓이고 일에 익숙해지면 매너리즘이나 나태함을 만나게 되고, 팀장이 되고 나면 최선을 다하려고 해도 100%였던 열정은 낮아지기 마련이다. 일을 오래 할수록 사람이 변화한다는 것은 더 어려워진다. 그러니 일을 이제 시작하는 사람이라면 시작부터 습관을 잘 들이는 것이 중요하다.

직장을 그만두는 사람 중 열에 여덟은 일이 힘들어서라기보다 사람 관계가 힘들어서 그만두는 경우가 많다. 직장 생활 중 자꾸 사람들과 부딪히면 거기에 신경이 쓰일 수밖에 없는 것이 인간이다. 사람은 한 번에 두세 가지 일을 할 수 없기에, 주변 사람들과 갈등을 겪다 보면 자연스럽게 일에 집중하기가 어려워진다. 직장인들이 사표를 쓰는 이유 중 상당수가 상사와 직장 동료와의 불화다. 매번 사람들과 다투고 화내고 미워하면서도 성공하는 이들이 있지만, 그들 역시 인간관계가 조금만 더 원만했더라면 더 큰 성공을 이루었을 것이다. 열심히 일하는 사람에게 시기, 질투를 느낄 시간에 어떻게 하면 좀 더 성과를 올릴 수 있을까를 고민하는 것이 더 효율적이고, 남들에게 욕먹는 것을 두려워하기보다 내가 더 상장할 수 있는 길이 무엇인지 고민하는 편이 더 생산적인 태도임은 말할 것도 없다. 서로 에너지 낭비하지 말고 자신에게 어떤 길이 더 도움이 되는 길인지 생각해 볼 필요가 있다.

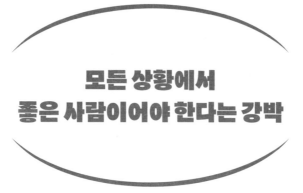

모든 상황에서
좋은 사람이어야 한다는 강박

어느 날, 후배 직원이 체결한 계약에 문제가 발생했다. 일반적으로는 회사 차원에서 처리할 일이었지만, 이번만큼은 내가 직접 나설 수밖에 없었다. 문제의 원인은 건물에 대해 설명을 다 해 주었고, 계약일에 설계 도면도 보여줬는데 건물 구조를 이유로 계약을 파기하려는 매수인이었다. 그는 계약하기 전 담당 직원과 건물을 직접 가보고 관련해서 설명을 다 해 주었음에도 불구하고 금리인상으로 시장이 안 좋아지면서 건물 구조 부분을 문제 삼기 시작했다. 그는 위약금을 내지 않기 위해 계약 과정의 설명 의무에 대해 이야기하며 그 과정에서 녹취를 하는지 유도 질문을 하면서 담당 직원을 끊임없이 괴롭혔다. 상대방은 자신의 요구사항을 합리적으로 주장하는 척했지만, 실제로는 과한 욕심과 억지를 부리고 있었다. 예상대로 일은 원만하게 해결되지 않았다. 어느 정도 양보를 하고 합의하려고 했으나 상식선을 넘어선 요구를 하는 모습을 보고 고민 끝에 나는 결국 소송을 제기하기로 결심했다. 나는 그 후배에게 이야기했다.

"원만히 해결되는 게 최상책이지만 어쩔 수 없는 부분은 법대로 하고 남은 일은 변호사에게 맡기자. 너는 할 만큼 했으니 이왕 벌어진 일 너무 마음 쓰지 말고 다른 업무에 집중해라. 항상 좋은 고객만 있을 수는 없다."

실제로 법적 공방으로 이어졌고, 일부는 인정되기도 일부는 반려되기도 했다. 이미 내 손을 떠난 일에 시간과 감정을 소모하지 말고 다시 본연의 업무에 돌아가는 게 더 합리적이다. 이 일을 통해 나는 명확히 알게 되었다. 모든 상황에서 좋은 사람일 필요는 없다는 사실을 말이다. 아닌 건 아닌 거니까 말이 통하지 않는 사람에게 굳이 에너지를 쏟을 필요가 없다. 나는 좋은 사람보다는 합리적인 사람이 되고 싶다. 고객에게 합리적으로 제안하고, 고객에게 잘못이 있더라도 그 부분을 굳이 지적하거나 자극하지 않는다. 원만히 합의될 수 있는 것들은 최선을 다해 원만히 처리하고 그렇지 않은 일들은 법대로 하면 어차피 해결이 된다. 좋은 사람이 되려고 모든 상황에 만만히 보일 필요가 없다는 이야기다. 법의 테두리 안에서 나에게 문제가 있다면 내가 책임지고, 상대방이 문제가 있다면 상대가 그 책임을 지는 것은 당연하다.

사실 그 계약에서 담당 팀장의 약간의 실수가 있었다. 하지만 그것은 실무적인 어려움에 불과했고, 상대방에게 실질적인 피해를 준 것도 아니었다. 그런데 고객의 태도와 주장은 후배 팀장을 너무 괴롭히기만 했으니까 법적 절차를 통해 이 문제를 해결하는 것이 적절하다고 판단했다. 부동산 시장이 활황일 때는 사람들이 조금 실수하거나 손해를 봤다고 생각해도 대수롭지 않게 넘기는 경우가 많다. 하지만 시장이 어려워지면 아주 작은 금액으로도 문제가 발생하고, 고객들이 트집을 잡는 경우도 늘어난다. 그런 상황에서는 최대한 계약의 안전에 신경을 많이 써야 한다. 다만 말도 안 되는 이야기들은 거절할 수 있는 용기가 필요하다. 불가피한 일들은 어차피 법에 따라 문제를 해결하는 것이 가장 현명한 선택이다.

아무리 일한 기간이 오래되어도 예상치 못한 일들은 일어난다. 더구나 사람이 얽힌 일이다 보니 마음에 상처를 받는 일이 생기거나 화가 나는 일이 생길 수밖에 없다. 그럴 때 너무 감정적으로 그 일을 바라보면 문제 해결도 더뎌질 뿐만 아니라 감정에 가려져 안 좋은 결과로 귀결될 수도 있다.

　나도 계약에 문제가 생겨 법적 조치를 취해야 할지 말아야 할지 고민하면서 며칠을 잠을 설쳐본 적이 있다. 당시 나는 그 후배가 나처럼 몇 날 며칠 잠을 설치지 않기를 바랐다. 그리고 작은 실수 한 번으로 스스로 그동안의 모든 노력을 헛된 것이라 취급하지 않기를 바랐다. 누구든 완벽하지 않다. 잘 알지 못해서 실수할 때도 있지만, 잘 알던 것도 갑자기 잊어버릴 수 있다. 스스로가 아니라도 나의 허점을 꼬집고 비판하는 사람은 주변에 많다. 그러니 적어도 그 팀장이 자신의 실수를 인정하되 실수 그 자체는 다시 반복하지 않도록 이 경험을 기억했으면 좋겠다고 생각했다. 직원들이 어려운 상황에 놓였을 때 그들과 함께 문제를 해결하고자 했던 내 진심만큼은 변함이 없다. 나는 업무를 처리하는 관리자 이상으로, 직원들의 곁에서 함께 고민하고 해결책을 찾는 대표가 되고 싶다. 그것이 궁극적으로는 조직을 더욱 탄탄하고 건강하게 만드는 길이라고 믿는다.

　나 또한 한때는 실수와 어려움 속에서 성장했기에, 누군가에게 그런 발판이 되어 주는 것은 의미 있는 일이라고 생각한다. 내가 받은 것을 돌려주고, 건강한 회사를 만들고 싶다. 오늘도 나는 이 초심을 되새기며, 나와 함께 일하는 모든 사람에게 긍정적인 영향을 주는 리더가 되겠다고 다짐한다. 어차피 모두가 나를 좋아할 수 없고 내가 모두에게 좋은 사람이 될 수도 없다. 그저 좋은 사람과 나를 좋아하는 사람에게 집중하면 된다.

부정적인 생각

심리학에서 말하는 벼룩 효과에 대해 들어본 적이 있는가?

벼룩은 개구리만큼 강력한 뒷다리를 가지고 있어서 1m까지는 가뿐히 점프를 할 수 있다고 한다. 벼룩의 크기는 보통 2~4mm인데 자기 몸에 비해 무려 250배나 넘는 길이를 점프한다는 말이다. 어느 날 생물학자들은 이 벼룩을 유리병에 담아 두고 실험을 했다고 한다. 처음에 벼룩은 갇힌 유리병 안에서 수차례 점프를 하면서 뚜껑에 부딪혔다. 그러나 일정 시간이 지난 후에 유리병 뚜껑을 열었음에도 벼룩들은 그 유리병을 뛰어넘어 탈출하지 못했다. 타고난 점프 능력이 있으면서도 그동안 수차례 시도했던 경험에 의해 적응해 버리고 만 것이다.

이 실험을 통해 하버드 심리학자들은 이런 현상이 사람에게도 적용되는지 실험을 해 보았다고 한다. 20대를 대상으로 25년간 추적조사를 진행했다. 조사에 참여한 사람들의 생활환경이나 학력, 지능은 모두 비슷했고 유일한 개인의 차이는 미래에 대한 뚜렷한 목표를 가지고 있는가의 여부였다. 결과는 놀라웠다.

장기적인 명확한 목표를 가진 3%의 사람들은 사회에서 최고의 성공을 거두었고, 그다음으로는 뚜렷하지만 단기적인 목표를 가진 10%의 사람들이 중산층으로 성장했다. 그리고 모호한 목표를 가졌던 60%의 사람들은 대부분 사회에서 중하위층에 속했다고 한다. 마지막으로 목표가 전혀 없었던 27%의 사람들은 최하층민이 되었다고 한다. 이 실험을 통해 하버드 심리학자들은 벼룩 효과가 사람에게도 동일하게 적용됨을 알 수 있었다.

'코이의 법칙'이라는 말도 있는데, 코이라는 물고기는 어항에서 자라면 5cm 정도로 성장하고, 강에서는 무려 120cm까지 자란다고 한다. 즉 환경이 어떠냐에 따라 자신이 자라는 크기가 결정된다는 것이다.

벼룩 효과와 코이의 법칙을 통해 내가 말하고 싶은 것은 스스로 자신의 한계를 설정하지 말고 가능하면 긍정적으로 생각하라는 것이다. 내가 가끔 직원들에게 여러 가지 조언을 건넬 때가 있는데 어떤 직원들은 그대로 실행하는 반면, 어떤 직원들은 자신이 가질 수 있는 온갖 핑계를 대며 '안 될 이유'를 찾는다. 그럴 때면 티는 내지 못하지만 참 답답한 마음이 든다. 물론 대부분의 부정성은 어린 시절부터 형성되어 오는 것이라서 쉽게 손바닥 뒤집듯이 바꾸기 어렵다는 것은 잘 알고 있다. 나 역시 부정적인 환경에서 자랐고, 그나마 군대에서 여러 사람들에게 좋은 영향을 많이 받아 그때부터 달라져야겠다고 생각했다. 습관적으로, 무의식적으로 부정적인 생각을 향해 가려는 길을 지금부터라도 바꿔야 한다. 그래야 인생이 달라질 수 있다.

서커스단에서 코끼리를 도망치지 못하게 하는 방법이 있다고 한다. 어린 코끼리 발목에 밧줄을 묶어서 말뚝에 달아두는 것이다. 당연히 어린 코끼리는 그 말뚝을 뽑을 만큼 힘이 세지 않기 때문에 몇 번이나 도망가려고 발버둥을 쳐도 도망갈 수가 없다. 그러면 어느 순간부터는 도망가려는 시도조차 하지 않게 되는 것이다. 그렇게 코끼리가 자라 말뚝을 뽑을 수 있을 만큼 성장해도 어린 시절의 경험 때문에 말뚝에서 벗어나려는 도전은 하지 않게 된다. 사람도 이 코끼리와 다를 바가 없다. 사람은 환경에 압도적인 영향을 받는다. 그리고 그 환경에 대한 스스로의 믿음이 어떠냐에 따라 자신의 가능성과 능력을 제한하기도 하고 펼쳐보려고 도전하기도 한다.

왜 어떤 사람은 상위 1%의 매출을 기록하고, 어떤 사람은 직장인의 월급 정도도 벌지 못하는 것일까? 자꾸만 자기 자신을 "안 돼, 못해"라는 틀에 가두기 때문이다. 되는 사람들은 자신이 할 수 있는지 없는지 재보는 것조차 사치라고 여긴다. 나는 실제로 그랬다. 더 이상 나락으로 떨어질 곳이 없기에 여기서 올라가지 않으면 나에게 더 이상 미래는 없다고 생각했다. 그러고부터 언제나 내가 잘될 거라는 믿음을 마음속에 품었다. 있는 환경에 적응하는 것이 아니라 내가 미래에 살 환경은 이것과 전혀 다르다고 생각했다. 부정적인 생각이 들려고 해도 자꾸만 그 길에서 벗어나려고 노력했다. 그 부정적인 생각이 나를 집어삼키지 못하도록 반복적인 일들 속에서 변화를 주려고 많이 노력했다. 예를 들면 미용실에 가서 좀 더 단정하게 머리를 하거나, 운동을 하거나, 새 정장을 맞추거나 하면 뭔가 일하는 데 에너지가 생기는 느낌이 들었고, 동기부여를 얻을 수 있는 책을 읽으며 에너지를 얻을 수 있는 한 문장을 찾으려고 애쓰기도 했다.

환경이 곧 나의 한계가 되도록 내버려 두어서는 안 된다. 그러려면 자신이 하고 있는 부정적인 생각에서 벗어나 미래를 긍정해야 한다. 지금의 현실보다 더 나아지기 위한 노력과 변화는 그 한계를 벗어나기 위한 도전이 되어야 한다. 스스로 믿고 있는 한계에 대해 반문을 가지고 자신의 가능성과 능력을 믿어라.

남을 탓하는 습관

한동안 '니체' 열풍이었다고 해도 과언이 아닐 정도로 온 국민이 니체 책에 빠져 있었다. 나도 니체의 책을 읽다가 공감이 되는 구절이 있어서 소개해 보고자 한다.

"자기 책임을 타인에게 전가시키지 않는 일은 고귀한 일이다. 책임지고 행동하는 어른은 대단한 일을 하고 있는 것이며 책임을 지는 일은 절대 쉬운 일이 아님을 알아야 한다. 책임져야 하는 자리를 두고 망설이는 사람은 자신을 소모하지 않고 무언가를 얻으려고 한다. 이런 사람은 항상 남을 탓하기 바쁘니 인생에서 지우는 게 좋다. 누군가에게 손해를 끼치거나 자유의지 속에서 스스로 윤리적 문제를 야기했을 때 도망치지 않고 마땅히 그것을 감당하려는 태도를 가져라. 책임은 이 사회를 살아가는 우리에게 꼭 필요한 태도이자 인간의 중요한 자질 중 하나다. 당신은 지금 방관이나 회피를 하지 않고 주어진 것에 대한 책임을 지고 있는가?"

만약 내가 아나운서인데 방송을 하면서 자꾸만 말을 버벅거리고 대본의 내용을 잊어버려서 사고를 낸다면 그것은 누구의 탓일까? 오늘따라 유난히 건조한 스튜디오 환경 탓일까, 아니면 준비를 철저히 하지 못한 내 탓일까? 내가 만약 작가인데 아무리 책을 써서 내도 아무도 내 책을 봐주지 않는다면 책을 쓴 내 탓일까, 내 책을 봐주지 않는 독자들의 탓일까?

가끔 사람들을 보면 자신의 실력은 개선하지 않고 상황 탓이나 상대방 탓을 하는 경우가 있다. 이것은 어떻게 보면 남 탓을 하느냐, 자기 자신을 돌아보느냐의 차이인데 자신이 전문가라고 한다면 당연히 남 탓으로 돌릴 것이 아니라 자신의 책임으로 봐야 할 일이다. 말하자면 자기 탓을 해야 한다는 것이다.

간혹 우리 직원들 중에서도 "나는 매일매일 열심히 하는데 왜 결과가 없지?"라고 말하는 경우가 있다. 열심히는 누구나 다 열심히 한다. 왜 결과가 없는 것인지 스스로를 점검하고 문제점을 찾아서 해결해야 하는데 본인이 열심히 한다고만 생각하는 것은 좋은 태도가 아니다. 나는 뭔가 잘못되면 무조건 내 탓이라고 생각한다. 나는 그런 접근 방식을 가지고 있다. 예를 들어, 고객과 통화한 내용을 들어보니 목소리가 밝지 않고 뭔가 일하기 싫은 사람처럼 느껴졌다면 솔톤으로 고객과 대화할 수 있도록 부단히 연습을 한다. 한번은 친한 고객이 우리의 전화 통화 목소리가 별로 친한 것 같지가 않다고 하기에 또 녹음된 통화 내용을 들어봤다. 그래서 이 부분은 고쳐야겠다는 생각을 하고 상대방이 어떻게 들으면 듣기 좋은 목소리가 될지 여러 가지로 연습을 했던 적도 있다.

남 탓을 주로 하는 사람들은 지나치게 자신을 보호하려는 심리를 가지고 있다. 자신의 실수나 무능력함을 인정하지 못하고 비판에 예민한 사람들이다. 즉 자존감이 낮아서 자신이 상처받을까 봐 남 탓을 하며 자기방어를 하는 것이다. 또 책임을 지는 것에 대해 두려워하는 성향이 강하면 남 탓으로 돌리는 일이 잦아진다. 특히 회사나 단체생활에서 이런 부류의 사람이 많으면 분위기가 부정적인 방향으로 흐르기 쉽다.

일본을 뛰어넘어 이제는 전 세계의 야구 스타가 된 오타니 쇼헤이가 은인으로 여기는 지도자가 있다. 바로 오타니의 모교인 하나마키 히가시고교 야구부의 사사키 히로시 감독이다. 사사키 감독은 오타니에게 인생 계획표로 알려진 '만다라트'를 작성하도록 조언한 것으로도 유명하다. 사사키 감독의 지지와 응원 덕분에 오타니는 현대 야구에서 거의 불가능하다고 여겨진 이도류(투수와 타자 겸업)를 성공적으로 해냈다.

> "오타니는 스스로 어려운 도전을 택했고, 여기에 도달하기 위한 세부 과제를 세세하게 짠 뒤 열심히 실천했습니다. 지도자로서 아이들에게 남을 탓하는 생각을 없애주는 것이 가장 중요하다고 생각했습니다."

사사키 감독은 고교 야구선수 시절부터 성적이 잘 나오지 않으면 환경 탓, 남 탓을 하기보다 선수 스스로의 부족한 점을 돌아보고 개선해 나갈 수 있는 방법을 알려준 것이다. 즉 실패를 했을 때 남 탓을 하는 버릇만 버려도 인생의 절반은 성공한 것이라는 메시지를 심어준 것이다.

자책을 하라는 것이 아니다. 자책만 하게 되면 현재의 상황을 직시하지 못하고 내 자존감만 떨어진다. 남 탓이 아닌 내 탓을 하되 실패나 문제의 원인을 찾아 긍정적인 방향으로 바꾸려고 노력해야 한다는 것이다. 자책이 아니라 자아 성찰을 하라는 의미다. 자꾸만 원인을 외부에서만 찾으려고 하면 자기 발전이 없다. 성장에는 언제나 '변화'라는 고통이 따르는 법이다.

CHAPTER 3

부와 성공의
원칙

돈에 대한
관념을 바꿔라

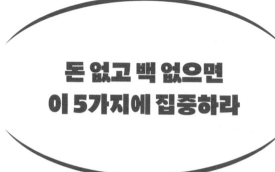

돈 없고 백 없으면
이 5가지에 집중하라

로버트 콜리어는 『꿈을 이뤄주는 책』에서 "역설적으로 들릴 수 있지만 자신이 진정으로 원하는 것이 무엇인지 아는 사람은 드물다. 삶에서 무언가가 나타나기를 바라며 막연하게 살아가는 것이다. 그들은 하루하루의 투쟁에 너무나 몰두한 나머지 만약 원하는 것이 무엇인지 알았다 해도, 이제 무엇을 위해 투쟁하고 있는지조차 잊어버렸다. 마치 물에 빠진 사람처럼 목적 없는 투쟁 속에서 에너지와 생각과 마음의 힘을 낭비하고 생각도, 방향도 없이 자신을 소진시키며 아무데도 도달하지 못한다"라고 말했다. 이 책이 처음 출간된 것이 1926년이라고 하는데 지금의 우리에게 하는 말이라 해도 전혀 어색하지 않을 정도로 정곡을 찌른다.

요즘 우리 회사에 들어오려는 사람들은 막연하게 "부자가 되고 싶고 돈을 많이 벌고 싶다"라는 이야기를 면접에서 자주 한다. 그러나 무엇 때문에 혹은 무엇을 이루고 싶은 마음으로 부자가 되고 싶은지는 잘 모르겠다고 한다. 목적지도 없이 망망대해에서 쉴 새 없이 헤엄만 치는 것과 다를 바가 없다. 그래서 나는 돈을 벌고 싶다는 사람들에게 구체적으로 무엇을 원하는지 꼭 단계별로 적어보라고 말한다. 내가 그 단계들을 볼 때마다 동기부여가 생길 만큼 아주 구체적이어야 한다. 자신이 가진 욕망과 열망을 매일 눈으로 확인하는 일은 부자가 되어 가는 과정에서 지치지 않게 도와준다. 목표를 적는 것에 대해서는 다음 글에서 좀 더 자세히 다뤄보기로 하고 이번 글에서는 내가 아무것도 아닌 사람이었을 때 어떠한 과정으로 자산가가 될 수 있었는지 그 방법을 자세히 적어보려고 한다.

첫 번째로 내가 잘했다고 생각하는 일은 '돈을 많이 벌 수 있는 일을 선택했다'라는 것이다. 빌딩 중개사는 회사에 입사했다고 해서 바로 돈을 벌 수 있는 직업은 아니다. 당장은 급여가 얼마 되지 않고, 팀장이 되어서야 비로소 자기가 성과를 낸 만큼 벌 수 있다. 나도 팀장이 되고 1년 차때부터 억대 연봉을 받을 수 있었다. 세상에는 무수히 많은 직업이 있다. 그중에서 내가 무엇을 해서 돈을 벌어들일 수 있을지 잘 생각해 봐야 한다. 직업을 선택할 때 자신만의 기준점을 가지고 접근해야 하는 것이다.

두 번째는 상위 5~10%에 드는 사람들을 보고 배운 것이다. 내가 처음 빌딩중개전문 회사에 입사했을 때는 직원이 20~30명 정도였다. 모두 자기 일하기 바쁜 사람들이었고, 신입 직원이 들어와도 교육을 시켜 준다거나 일을 가르쳐 주는 시스템이 아니었다. 전화 받는 법이라든지 아주 기초적인 것만 알려주고 나머지는 알아서 배우며 성장해야 했다. 나는 사무실에 있는 사람들을 관찰하기 시작했다. 그러다 통화를 기가 막히게 잘하는 사람을 하나 발견했고, 몰래 그 사람이 통화하는 것을 메모하기 시작했다. 나중에는 그 사람을 너무 똑같이 따라 하면 안 되니까 거기에 나의 방식을 덧붙여서 실행하니 어느샌가 주변 사람들로부터 '일 잘하는 사람'으로 자리매김하게 되었다.

보도 섀퍼는 자신의 책 『이기는 습관』에서 다음과 같이 말했다.

"기존의 주변 사람들 중에서 벤치마킹하고 싶은 장점과 강점을 가진 사람이 있다면, 그와 더 많은 시간을 함께할 방법을 찾는다. 성실함이 최고의 무기인 사람에게서 성실함을 배우고, 일기를 탁월하게 쓰는 사람에게서 기록하는 법을 배운다. 요리를 잘하는 사람에게서 요리를 배우고, 운전을 안전하게 하는 사람에게서 방어운전을 배운다. 그들의 '지식'을 배우라는 것이 아니다. 그들의 '태도'를 배우라는 것이다. 잘하는 사람에게서 배우면 잘하지 않을 도리가 없다."

어느 회사를 가든 그렇게 눈에 띄게 일을 잘하는 사람들이 있기 마련이다. 그 사람들을 벤치마킹해서 거기에 나만의 방식을 곁들이면 나도 상위권에 들 만큼 일을 잘하는 사람이 될 수 있다. 이것은 꼭 기억하고 실행해 보길 바란다.

세 번째로 내가 잘했다고 생각하는 것은 남들보다 하나 더 하는 습관을 가진 것이다. 우리 회사는 철저히 성과 중심의 경쟁 구도라 순위를 매기는 분위기이다. 물론 이것에 대해 스트레스를 받는 사람들이 있지만 나는 생각보다 재미있다고 생각한다. 이기고 싶은 사람을 정해서 그 사람을 이기기 위해 그 사람보다 하루에 하나씩만 더 하다 보면 어느 순간 그 사람을 넘어서는 나를 만날 수 있다. 결국 잘하는 사람들도 사람이다. 지치는 순간이 오고 매너리즘에 빠져 허우적대는 시간이 생기기 마련이다. 그럴 때 내가 그 사람을 뛰어넘으면 나는 좀 더 성장한 사람이 되어 있더라. 나는 그렇게 "하나만 더 해 보자"라는 마음으로 15년 이상을 일해왔다.

네 번째는 시드머니를 남들보다 좀 더 악착같이 빨리 만든 것이다.

우리 일은 팀장이 되어서 계약을 하나 하면 꽤 큰돈을 벌 수 있다. 그렇게 어느 정도 돈이 생기면 다들 외제차부터 사느라 바쁘다. 하지만 나는 아주 밑바닥부터 시작했기 때문에 나보다 먼저 부자가 된 사람들을 추월하려면 잘 버는 것도 중요하지만 잘 쓰는 것도 중요하다고 생각했다. 나도 팀장이 되고 몇 년 후에 외제차를 샀지만 벌써 10년 가까이 그 차를 타고 다닌다. 리스로 3년을 끊었으니 리스비가 안 나간 지 7년이 된 것이다. 무조건 체크카드를 쓰고 다달이 얼마의 돈이 나가는지 항상 점검했다. 또 고정비용을 안 쓰거나 줄일 수 있는 방법을 고민해 가며 소비를 통제한 것은 내가 남들보다 잘했다고 생각하는 점이다. 백화점에서 명품을 살 때도 즉흥적으로 사는 것이 아니라 정말 나에게 필요한 것인지 한두 달 동안 심각하게 고민한다. 그만큼 소비를 줄여갔던 것이 남들보다 시드머니를 빠르게 모을 수 있었던 비결이다. 그러니 돈 좀 벌었다고 까불지 말고 조금만 참아서 돈을 악착같이 모아보는 경험을 해 봤으면 좋겠다.

다섯 번째는 빌딩 중개를 하며 고객들이 어떻게 투자해서 어떻게 돈을 버는지 간접적으로 학습하며 적절한 때에 투자를 잘 이용한 것이다. 모은 시드머니로 무엇을 하느냐가 중요한데, 처음에는 단순히 중개를 해서 돈을 버는 것이 좋았다. 그런데 어느 정도 시간이 지나니 나도 투자를 해야겠다는 생각이 강렬해졌다. 2년 동안 고생해서 모은

3억으로 첫 투자를 했는데 대출을 끼고 아파트를 샀다. 그리고 이 집값이 오르는 것을 보면서 대출의 중요성을 정말 많이 느끼게 되었다. 자산가가 되기 위해 투자는 필수적이고 대출 역시 필연적이다. 그렇게 투자를 함으로써 자산가의 반열에 오르는 데 약간의 속도를 낼 수 있었다고 생각한다.

사람마다 자신이 가진 생각들이 다 다를 것이다. 하지만 나는 이 방법이 부자가 될 수 있는 가장 빠른 길이라고 생각한다. 개인적으로 가진 생각들은 접어두고 눈 한번 딱 감고 이대로 한번 따라 해봤으면 좋겠다. 분명히 성공할 수 있을 테니까 말이다.

적어라,
그리고 부자가 되어라

나는 새로운 해가 시작되면 모든 직원에게 '5년 후 내 모습'을 단계별로 적으라고 한다. 이것을 하는 이유는 내가 매년 이렇게 '5년 후 내 모습', '7년 후 내 모습'을 구체적으로 적으면서 목표로 했던 모든 것을 이루어 왔기 때문이다. 나는 2017년에 '5년 후 신사동이나 청담동에 있는 건물을 산다'라고 적었고, 실제로 2020년에 신사동에 있는 건물을 샀다. 그리고 3배 이상의 수익을 거두고 2023년에 매각했다. 그 밖에 '회사에서 매출 1등 하기'를 적어 이전 회사에서 5번이나 매출 1등을 차지했고, 외제차도 이러한 방식으로 갖게 되었다.

사실 직원들에게 '5년 후의 내 모습' 혹은 목표를 적으라고 하면 대다수가 무엇을 적어야 할지 잘 모른다. 회사에서 적으라고 하니까 꾸역꾸역 적는 거지 실제로 본인이 무엇을 원하는지 구체적으로 아는 사람은 많지 않다. 하지만 그럼에도 불구하고 이걸 반드시 해야 하는 이유는 목표를 적고 나면 그것을 이루기 위한 행동이 따라오기 때문이다. 즉 적어놓고 보면 사람이 목표 지향적으로 바뀌고 일하는 데에 있어서도 집중도와 몰입도가 생긴다. 목표를 이루기 위해 내가 얼마나 벌어야 하고, 시간을 어떻게 써야 하는지가 정해진다.

예를 들어, 서울에 있는 30평대 아파트를 사는 것이 목표 중 하나라고 하자. 요즘은 인터넷으로 쉽게 부동산 시세를 알아볼 수 있다. 내 수준에서 접근이 가능한 사고 싶은 집을 검색해 보고 대출은 어느 정도 쓸 수 있는지, 전세 보증금은 얼마 정도 낄 수 있는지, 내가 가진 현금은 얼마인지, 그렇다면 앞으로 몇 년 안에 얼마를 벌어야 하는지까지 구체적인 계산을 해 본다. 바로 이것이 목표를 설정하는 방법이다. 내가 회사에 입사한 후 가장 처음 세웠던 목표는 '연봉 1억 원'이었다. 아무것도 없이 지방에서 올라와 돈을 많이 벌겠다며 설정한 첫 목표였다. 그런데 열심히 하다 보니 연 1억 원 이상의 돈이 벌리기 시작했다. 그래서 다음 목표는 가족과 함께 거주할 집을 사는 것으로 정했다. '서울에 내 집 마련하는 게 그렇게 어려운 일이라던데 한번 도전해 봐야겠다'라는 생각이 든 것이다. 그때 강남 일대를 거의 다 알아봤던 것 같다. 반포는 거의 재건축이라 당장 입주할 수 있는 집이 없었다. 그렇게 자꾸 여기저기 알아보러 다녀 보니 시장을 보는 눈이 뜨이고, 실제 부동산에 다녀 보면서 어떤 집이 좋고 나쁜지도 알게 되었다.

목표가 너무 거시적이면 당장 손에 잡히지 않기 때문에 목표 의식을 잃어버릴 수 있다. 내가 가장 싫어하는 건 너무 허황된 목표를 세우는 것이다. 간혹 이제 막 회사에 입사한 신입사원인데 '5년 뒤에 100억 원짜리 건물을 가진 건물주가 되고 싶다'라는 목표를 세우는 걸 본다. 나도 건물주가 되기까지 악착같이 아끼고 모아서 10년이 걸렸다. 냉정하게 따져 봤을 때 그 직원은 이 목표를 이루려면 나보다 훨씬 열심히 살아야 한다. 수도 없이 매출 1등을 해야 하고 워라밸은 사치라고 생각할 만큼 쉬는 날도 없이 뛰어다녀야 한다. 그러나 실제로 그렇게 할 수 있는 사람이 몇이나 될까. 목표는 거대하게 써놓고 당장 하는 행동은 6시 칼퇴근이라면 목표는 절대 이룰 수 없다. 신입사원이 아무리 애쓴다 한들 경력자만큼의 퍼포먼스를 내기란 쉽지 않다. 그래서 높은 목표를 이루려면 남들보다 좀 더 뛰어나야겠다는 생각이 필요한 것이다.

내가 이전 회사에서 2년 반 만에 팀장이 되었는데, 지금 회사에서도 단기간에 팀장급으로 올라서는 사람들은 마인드 자체가 보통 사람들과는 전혀 다르다. 타고난 승부사 기질이 있는 사람, 경쟁하는 것에 대해 두려움보다는 즐거움을 느끼는 사람, 초반에는 그냥저냥 일하는 것 같더니 나중에 포텐이 터지는 사람도 100명 중에 2~3명은 있다. 그렇게 한 번 1등을 하고 나면 극단적인 표현으로 좀 대충대충 일해도 그 근처에 있게 된다. 자기가 이룬 만큼 보인다고 절대 그 밑으로 내려갈 수가 없다. 그래서 나는 직원들에게 자기 부동산도 꼭 사보라고 말한다. 부동산을 사본 사람과 안 사본 사람은 고객과의 대화 내용 자체가 달라지기 때문이다. 나는 젊었을 때 자신이 가진 모든 것을 쏟아부어서 최대한 빨리 목표한 바를 이루고 나중에 하고 싶은 걸 하면서 사는 게 멋진 삶이라고 생각한다.

목표는 가능한 한 계단식으로 현실적으로 이룰 수 있는 것부터 평생 이뤄야 하는 목표까지 정해가는 것을 추천한다. 나도 연봉 1억 원에서 강남에 집 사는 것으로, 나중에는 건물을 사는 것으로, 또 그다음에는 강남에 있는 건물을 사는 것으로 목표를 더 높게 잡아 나갔다. 사람들 중에는 한 가지 목표를 달성하고 나면 바로 퍼져 버리는 사람이 있는데 나는 그 반대였다. 한 가지를 이루고 나면 바로 다음 단계의 목표를 설정했고 그것을 이루기 위해 무엇을 해야 할지 정해 밀고 나갔다. 나는 그 과정이 고통스럽기보다는 재미있었다. 솔직히 한 번도 지친 적은 없었던 것 같다.

나는 내가 개인적으로 목표 삼아 왔던 모든 것을 이루었다. 그래서 지금의 목표는 내가 세운 중개법인이 이 시장에서 1등을 하는 것이다. 직원들이 자부심을 느끼는 회사, 각자가 자신의 전문성을 발휘하며 개개인이 독립된 브랜드로 자리 잡을 수 있게 지원하는 것, 그리고 이를 통해 고객에게 신뢰와 만족을 제공하는 회사를 만드는 것이 꿈이다. 나 혼자 잘하면 되는 목표에서 모두가 잘해야 하는 목표로 바뀐 것이다. 솔직히 혼자서 목표를 향해 달릴 때보다는 어렵고 힘에 부친다. 80명이 넘는 직원들을 끌고 함께 이뤄야 하는 목표이기 때문이다. 하지만 늘 그래왔듯이 나는 극복하고 넘어서서 이 목표를 반드시 이뤄낼 것이다.

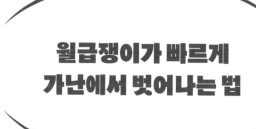

월급쟁이가 빠르게
가난에서 벗어나는 법

내가 매번 해이해진 직원들에게 당부하는 것이 있다. 일에 몰입을 할 건지 말 건지 정하라는 것이다. 특히 우리 회사에는 큰돈을 벌고 싶다는 20~30대 직원들이 많다. 그럼에도 자기 일에 100% 몰두하는 직원들은 그리 많지 않다. 6시 이후에 친구와 술을 한잔한다든지, 연인과 여행을 가야 한다든지, 주말에는 쉬면서 재충전을 해야 한다든지 하며 온갖 핑계를 만들어 일에서 벗어날 궁리를 한다. 단기간에 팀장이 되는 사람들을 관찰해 보면 사생활은 모두 뒤로하고 무조건 일을 자기 삶에 1순위로 둔다. 일에 완전히 미쳐 있는 것이다. 당연히 그런 사람들에게는 그만큼의 수입이 더 발생할 수밖에 없다.

일반인이 빠르게 가난에서 벗어날 수 있는 방법은 어떤 일이든 자기가 하는 일에 100% 몰두해서 월 수입을 늘리는 것이다. 하나 마나 한 소리라고 할지 모르지만, 이 외에 정답은 없다. 예를 들어, 미라클 모닝을 실천한다면 그냥 하는 사람이 있고, '저녁에 약속 잡지도 못하고, 피곤해서 업무에 지장이 될 것 같다'라며 생각만 하다가 결국 관성적으로 하던 대로 행동하는 사람이 있다. 의지나 기질 같은 요소보다는 마음가짐의 문제다. 그만큼 간절하지 않다는 뜻이기도 하다. 몰입을 하기로 정했으면 결심한 대로 행동하면 된다. 나머지 것들은 다 포기하고 말이다. 그럴 수 있는 사람이 결국 자산을 모으고 성공한다.

월급쟁이들이 왜 부자가 될 수 없을까? 물론 소득 자체가 낮아서이기도 하지만, 대부분은 지출을 통제하지 못하기 때문이다. 할부로 명품을 산다거나 리스로 차를 사는 것처럼 미래에 벌 수 있는 소득까지 끌어다가 소비한다. 그렇게 벌여놓은 고정비가 있으니 쉽게 일을 그만둘 수도 없다. 오히려 열심히 회사에 다니면서 월급을 올리는 방법밖에 남지 않는다. 하지만 재미있는 사실은 월급이 오르면 그만큼 돈을 모으기는커녕 더 쓰게 된다. 따라서 현실적으로 월급쟁이가 빨리 부자가 되려면 돈을 쓰지 않고 열심히 모으는 수밖에 없는 것이다. 결국 수입을 늘리라는 말이다. 나이가 적든 많든 자산가가 되려면 투자할 돈을 만들어야 한다. 즉 월수입을 늘리는 것이 투자할 돈을 마련하는 기초가 된다. 최소 3억 원 정도면 돈을 좀 굴려봐야겠다는 생각이 들기 시작한다. 간혹 어설프게 몇천만~1억 원 정도 모아서 주식이나 비트코인에 투자하는 사람들이 있는데 그것보다는 차라리 전세금으로 깔고 있는 것을 추천한다. 또한 세금을 줄이는 방법에 대해 반드시 고민해야 한다. 만약 개인으로 5억 원을 벌면 세금 떼고 약 2억 원이 남는다. 이런 경우 예를 들어 10억 원을 모으려면 얼마나 걸릴까. 약 5년 정도의 시간이 필요하다. 하지만 법인을 만들어서 똑같이 5억 원을 벌면 1억 원 정도 세금을 떼고 4억 원 정도가 남으니 10억 원을 모으기까지 2년을 단축시킬 수가 있다.

다음으로 실천할 수 있는 것은 신용도 관리를 잘해서 대출을 받아 자산을 불리는 것이다. 고금리 시대에 대출에 대해 이야기하면 망한다는 사람들이 많은데, 이는 현실을 잘 모르고 하는 소리다. 내가 첫 번째 아파트 투자와 세 번째로 마지막에 강남 건물 투자까지 걸린 시간은 딱 5년이었다. 이 말은 대출이 자산을 모으는 데 있어서 그 속도를 빠르게 해 준다는 의미다. 100억 원짜리 건물을 대출 받아서 사면 내 돈 30억 만 있어도 가능하지만, 현금을 모아서 산다면 아마 평생 모으기만 하다 끝날 것이다.

하이 리스크를 감당할 수 있다면 강남에 투자하는 게 맞지만 당장 여력이 안 된다면 서울권에서 이자를 내고도 남을 수 있는 구조를 가진 건물을 사보는 것도 나쁘지 않다. 실제로 나도 그렇게 건물 투자를 시작했다. 강남에 있는 건물을 살 때는 80% 가까이 대출을 받았지만 현금이 없어서 그렇게 한 것은 아니다. 현금을 어느 정도 보유함으로써 앞으로 생길 변수에 대해 안전장치를 해 두자는 의미에서 풀로 대출을 받았다.

부자들은 여유 자금이 있어도 절대 대출을 갚지 않는다. 빌딩도 처음 매입할 때나 대출을 최대한 받을 수 있지 나중에 이 건물을 담보로 추가 자금을 받으려고 하면 은행에서 잘 실행해 주지 않는다. 그래서 좀 여윳돈이 있더라도 대출을 풀로 받고 그 대출을 갚지 않는 것이다. 그러나 안전장치가 없으면 금리가 2배로 올랐을 때 이자를 감당하기 어려워져서 내가 취득한 건물을 원가 이하로 팔게 되는 최악의 결과를 맞을 수도 있다. 내가 만약 여유 자금이 없었다면 2020년 코로나 때 강남 건물 살 수도 없었을 테고 결국에는 현금 10억을 50억으로 만들 수 있는 기회도 얻지 못했을 것이다.

요약하자면, 첫 번째로 1~2년 뒤에 조그만 것에라도 투자할 수 있는 시드머니를 만들 수 있는 소비 습관을 장착해야 한다. 미래의 소득까지 현재로 끌어와 소비하지 말고 최대한 절제한다. 두 번째는 그렇게 모은 시드머니로 용기를 갖고 대출을 일으켜서 투자를 하는 것이다. 그리고 이 대출은 시장의 변수에 대응하거나 또 다른 투자 기회를 잡기 위해 갚지 않는다. 이 두 가지 패턴을 반복하면 누구나 빠르게 부자가 될 수 있다.

　쉬울 것 같다고? 나는 부자가 되기 위해 저걸 그대로 실천하는 사람을 많이 거의 보지 못했다. 누구나 알고 있지만 누구나 할 수는 없는 것이기 때문이다.

부동산 투자에 정답은 없다

"어디에 투자해야 할까요?"

"좋은 건물은 어떻게 알 수 있나요?"

부동산 투자를 하려는 고객들이 나에게 가장 많이 하는 질문이다. 그러나 이 질문에 대한 내 대답은 늘 비슷하다. 각자의 주관과 기준이 있을 뿐, 정답은 없다는 것이다.

나는 고객을 처음 만나면, 투자 선호 지역과 예산을 먼저 묻는다. 하지만 많은 고객이 명확한 기준도 없이 '서울에 있는 역세권 건물'과 같은 막연한 답변을 한다. 그러면 나는 보통 강남구나 용산구 또는 성수동 같이 중심 지역을 추천한다. 그중에서도 강남을 주로 추천하는 이유는 많은 수요와 환금성 때문이다.

나는 경험상 강북에 있는 건물을 매입한 뒤, 월세 수익은 남겼지만 건물 가격은 크게 오르지 않았다는 사실을 깨달았다. 반면 강남, 성수동, 용산 같은 지역은 건물 가격이 눈에 띄게 상승했다. 그래서 나는 돈을 모아 강남에 투자하겠다고 결심했고, 이 결정이 자산 증식에 큰 기여를 했다.

건물을 매입한 후 다시 매각하려면 얼마나 빨리 팔릴 것인지가 중요하다. 강남은 매각 시 조금만 가격을 내리면 금방 팔려나간다. 안쪽에 위치한 건물이라도 원가에서 약간만 조정하면 매각이 가능하다. 반면, 강북이나 외곽 지역 건물들은 매각하는 데까지 시간이 더 오래 걸리는 경우가 많다. 물론 내가 모든 고객에게 서울의 상급지를 추천하는 것은 아니다. 각자의 투자 목적과 금액대에 따라 추천 지역은 달라진다.

현재 강남에 투자하려면 최소한 30억 원 이상의 현금이 필요하다. 현금 보유량이 적은 고객에게는 당연히 강남 외권을 추천할 수밖에 없다. 사람들의 대부분은 자신이 잘 아는 동네나 임대 수익이 높은 지역에 투자하려는 경향이 있지만, 나는 사람들이 모이는 중심지, 돈이 몰리는 지역에 건물을 사는 것을 추천한다. 물론, 투자를 할 때는 스스로의 검증이 무엇보다 중요하다. 주식 투자도 마찬가지지만, 주변 사람들의 말만 믿고 투자하는 것은 위험하다. 중개인이 추천하는 물건이라도, 본인이 직접 데이터를 기반으로 검증하는 절차가 필요한 것이다. 결국 투자 결과에 대한 책임은 본인에게 있기 때문이다. 중개인으로서 나는 항상 고객이 스스로 납득할 수 있는 경우에만 투자를 권한다.

건물 투자에서 가장 중요한 것은 고객이 가진 투자의 목적이다. 예를 들어, 내가 직접 사용할 목적이라면 직원들의 출퇴근이 용이한 교통 여건, 주차 공간, 그리고 필요한 면적 등을 고려해야 한다. 반면 노후 대비용으로 임대 수익을 원한다면, 강북에서 안정적으로 층별 임대가 가능한 건물을 찾는 것이 더 나을 수 있다. 그리고 수익이 충분히 있다면, 강남의 노후된 건물이나 저평가된 부지를 사서 신축하거나 리모델링하는 것도 좋은 투자법이다. 결국, 건물 투자는 나의 목적과 자금 상황에 맞추어 결정해야 한다. 고객의 상황과 목표에 따라 그에 맞는 지역과 건물을 추천하고, 그 과정에서 고객이 믿고 따를 수 있는 파트너가 되는 것이 나의 역할이다. 모든 투자 결정에는 신중함이 필요하며, 나는 고객이 최선의 결정을 내릴 수 있도록 끝까지 함께 고민하고 지원하는 것이 목표다. 신중한 접근과 정확한 분석이 이루어진다면, 어디서든 성공적인 투자 결정을 내릴 수 있다.

나는 그동안 200개 이상의 건물을 직접 중개했다. 매입 후 리모델링과 공사를 진행한 경험도 많고, 그 과정에서 컨설팅을 해준 사례도 많다. 그래서 건축법, 세법 등 법적인 부분도 깊이 이해하고 있다. 중개인이라면 부동산 거래와 관련된 모든 것을 알고 있어야 한다. 계약서를 작성할 때 놓치지 않아야 할 중요한 부분이 많기 때문이다. 세무적인 부분을 잘 몰라서 놓쳐버리면, 고객이 건물을 팔 때 큰 세금 폭탄을 맞을 수도 있다.

결론은, 부동산 투자는 스스로의 기준과 철저한 검증이 필요하다. 여러분도 어떤 땅이나 건물을 고를 때 그 땅의 진정한 가치를 이해하고, 그 가치를 기준으로 투자 결정을 내리기를 바란다. 땅은 여러분의 자산과 미래를 담는 그릇이다. 그 그릇의 가치를 올바르게 이해하고 활용하는 것이야말로 진정한 투자라 할 수 있다.

세금을 줄이고 수익을 늘리는 투자법

부동산 투자를 시작하려면 명확한 계획과 목표가 필요하다. 지금 당장은 목돈이 없더라도 건물주의 꿈을 이루기 위해 언제까지 얼마를 모아서 투자를 시작할 것인지 구체적인 목표를 세워야 한다. 반면, 당장 자금 여력이 있는 사람은 어느 지역에 얼마짜리 건물을 살 것인지, 언제까지 목표를 달성할 것인지 구체적인 계획을 세워야 할 것이다.

나는 2015년에 처음 부동산 투자를 시작했다. 그해에 강남에 있는 건물을 사야겠다는 목표를 세우고 서울에 법인을 설립했다. 이후 수입의 일부는 법인에 자금을 넣기 시작했고, 2017년에는 강북에 있는 건물을 개인 명의로 매입했다. 당시 법인이 5년이 지나지 않아(서울 5년 이상 되지 않은 법인은 취득세를 중과 받는다.) 개인 명의로 매입한 것이었다. 그리고 2020년, 법인이 만 5년이 되는 해에 강남에 건물을 보러 다녔다. 그러다 결국 강남 건물에 투자하게 되었고, 2022년에 명도가 완료된 후 리모델링을 거쳐 2023년에 준공을 마쳤다. 당시 나는 강남 건물이 임차가 되면서 생긴 현금 흐름을 어떻게 활용할지를 고민했다. 이 흐름을 활용하면 공동 담보로 새로운 건물을 손쉽게 매입할 수 있었지만, 대출이 더 늘어나는 구조였다. 이 방법은 안정적이지만, 큰 건물을 사고 싶다는 욕구를 충족시키기에는 부족했다. 그래서 두 번째로 고민했던 것은 건물을 적당한 가격에 매각하는 것이었다. 나는 두 번째 방법을 택했고, 건물 매각 후 대출 상환과 법인세를 낸 후 대략 60억 전후의 현금을 만들 수 있었다. 나는 이 자금으로 새로운 투자를 계획하기 시작했다. 이번에는 더 큰 목표를 세워, 대로변의 더 크고 가치를 높일 수 있는 건물을 매입하고자 다시 계획을 세운 것이다.

최근 나처럼 빌딩 투자를 고려하는 많은 사람이 법인을 설립해 투자를 진행하고 있다. 나 역시 지금은 매각한 신사동 건물을 과거 가족 법인을 통해 매입했다. 법인을 통한 투자에는 여러 가지 이유와 장점이 있다. 법인을 통해 빌딩 투자를 할 때 가장 큰 장점은 대출에 유리하다는 것이다. 개인에 비해 법인은 대출을 받을 때 상대적으로 자유롭다. 특히 사업 매출 구조까지 탄탄하다면 더욱 좋은 조건으로 대출을 받을 수 있다. 하지만 신설 법인의 경우, 대표자의 신용도가 중요한 요소로 작용한다. 따라서 가족 법인을 설립할 때 소득이 높은 구성원이 대표자가 되는 게 유리하다. 또한 법인을 설립할 때, 법인 본점이 과밀억제권역안 5년 미만이면 빌딩을 취득할 경우 취득세가 중과될 수 있으므로, 비과밀억제권역에서 법인을 설립하는 것이 좋다.

두 번째 장점은 세금이다. 개인이 빌딩을 매입하고 매각할 때는 양도소득세가 상당히 높다. 특히, 양도차익이 10억 원을 초과할 경우 세율은 45%에 달하며, 지방세까지 합치면 거의 절반이 세금으로 날아간다고 볼 수 있다. 반면 법인은 양도소득에 대해 2억 원까지는 9%, 2억 원을 초과할 때부터 200억 원까지는 19%의 법인세만 납부하면 된다. 또한, 개인은 임대소득이 다른 소득과 합산되어 소득세가 부과되지만, 법인은 임대소득이 법인세에 포함되기 때문에 세금 부담이 훨씬 적다.

세 번째 장점은 자산의 유동성과 상속, 증여의 용이함이다. 고령의 건물 소유자들은 건물을 매각할 때 상속과 증여 문제를 고려할 수밖에 없다. 그럴 때 법인을 통해 자녀에게 지분을 증여하는 방식으로 상속과 증여를 미리 계획할 수 있다. 예를 들어, 5억 원짜리 법인을 설립하고 자녀에게 20%의 지분을 증여한다면, 자녀는 법인의 주주가 되며, 증여세는 1억에 대해서만 납부하면 된다. 법인을 통해 자산을 매입하고, 법인세를 절세하며 계속 재투자할 수 있다는 것도 좋은 점이다. 예를 들어, 30억 원에 매입한 건물을 5년 후 100억 원에 매각할 때, 개인은 45%의 양도세를 내야 하지만, 법인은 19%만 납부하면 된다. 그 차액만으로도 상당한 재투자 여력을 확보할 수 있다.

결국 법인을 통한 투자의 가장 큰 이점은 재투자와 자산 증식의 가능성이다. 법인은 사고파는 것을 반복하며 자산을 증식하는 데 유리하다. 개인으로 투자하게 되면 가격이 많이 올라도 높은 양도세 때문에 매각 자체가 망설여지고 세금을 내고 나면 오히려 재투자가 어렵다. 하지만 법인은 낮은 세율로 인해 생긴 차익을 통해 자산을 계속 불려 나갈 수 있다. 법인에서 개인으로 돈을 가져올 때 세금을 내고 나면 똑같다고 생각하겠지만 그건 투자의 최종 마지막에 고민할 문제인 것이다. 당장 개인으로 세금을 낼 것인가? 계속 투자를 이어갈 것인가? 각자의 선택이다.

결론적으로, 법인을 통한 부동산 투자는 세금을 유보하고, 그걸 통해서 수익은 극대화하는 투자법이다. 개인으로 투자할 경우 직면할 수 있는 높은 세금 부담과 자산 관리의 한계를 극복할 수 있으며 효율적으로 자산을 증식하고 관리할 수 있다.

법인을 통해 자산을 체계적으로 관리하고 재투자를 반복하면, 장기적으로 더욱 큰 자산을 형성할 수 있는 기반이 마련된다. 또한, 법인의 구조를 활용하면 최적의 투자 전략을 수립하고, 리스크를 분산하면서 안정적으로 부를 쌓아나갈 수 있다. 법인 투자는 자산 증식의 도구 이상으로, 개인 자산을 안전하게 보호하고 성장시킬 수 있는 가장 강력한 방법이다.

내가 만나본 자산가들은 '이것'이 다르다

　강남에 번듯한 건물을 가진 자산가들 중에는 종종 "이거 내 거 아니야, 은행 거야"라고 말씀하시는 분들이 있다. 처음에는 정말로 그렇게 생각하는 건지, 겸손의 표현인지 헷갈렸다. 그런데 18년 동안 수많은 자산가를 만나본 결과, 그렇게 말하는 사람들은 자신이 가진 건물의 가치를 지킬 줄 아는 분들인 경우가 많았다. 과거에는 건물을 사는 사람들이 대출을 많이 받지 않았다. 받아도 많아야 50% 정도였다. 그들은 직접 임대 관리를 하거나 전문업체에 맡겨두고 큰 신경을 쓰지 않았었다.

　강남을 돌아다니다 보면 오랫동안 공실인 건물을 볼 때가 있다. 내가 처음 이 일을 시작했을 때 공실인 건물을 보면 무작정 전화를 걸어 봤다. 내가 "혹시 파시겠어요?"라고 물으면 대부분은 "팔아도 싸게는 안 팔아요"라는 답을 했다. 이렇게 말하는 사람들은 임대도 아무나 받지 않는다. 임차인을 선택할 때 거의 입사 수준의 면접을 본다는 말도 있다. 왜 그렇게 까다롭게 구는 걸까?

진짜 자산가들은 임대료를 절대 깎아주지 않는다. 또한, 업종도 가려서 받는다. 자신이 마음에 드는 업종과 자신이 생각하는 임대료를 낼 임차인이 아니면 절대 받지 않는 것이다. 함부로 임대료를 깎아주는 것은 자산의 가치를 떨어뜨리는 행위이기 때문이다. 임대료를 200만 원 깎는 것은 당장 1년에 2,400만 원을 손해 보는 것처럼 보이지만, 실제로는 가격 대비 수익률에 영향을 주고 건물의 가치를 크게 하락시켜 그보다 큰 손해를 유발할 수 있다. 게다가 업종을 가리지 않고 임차인을 받아서 분쟁이 발생하면, 그 시간과 노력 모두가 또 손해로 이어진다. 그래서 진정한 건물주들은 이러한 리스크를 감수하지 않기 위해 까다롭게 임차인을 고르는 것이다.

임대료를 낮추면 매각 시 더 큰 문제가 발생한다. 매수인들은 임대료를 보고 건물의 가치를 판단한다. 만약 임대료가 깎여 있으면, 매수인은 수익률이 낮아 보이기 때문에 매입을 주저하게 된다. 그리고 임차인이 1~2년밖에 안 된 경우, 상가임대차보호법에 의해 10년까지 임차인이 버틸 수 있다. 이 경우 임대료를 크게 올릴 수도 없고, 매수인에게도 매력적인 조건이 되지 못한다. 이런 상황에서는 차라리 가격을 조금 깎아서 빈 상태로 매각하는 것이 더 나을 수 있다. 매수인이 자유롭게 계산할 수 있고, 명도를 위해 시간과 비용을 들일 필요도 없어지기 때문이다. 그래서 진짜 건물주들은 아무리 공실이어도 절대 임대료를 낮추거나 임차인을 아무나 받지 않는다. 그들은 자산의 가치를 지키기 위해 철저하게 관리하고, 절대 타협하지 않는다. 한 번 임차인을 들이면 10년은 간다고 봐야 하는데, 임차인을 잘못 받았을 경우 건물주는 10년 동안 고생해야 할 수도 있다. 그러니 차라리 공실인 것이 거래 면에서는 더 나은 선택일 수 있다.

건물을 어렵게 샀는데, 임대를 맞추지 못하거나 수익률이 낮아 고생한다면 얼마나 큰 손해를 보게 될까? 결론부터 말하자면, 크게 손해를 보지는 않는다.

2022년 3월, 연예인 A 씨 부부가 강남 논현동에 있는 건물을 140억 원에 매입했다. 취득세와 부대 비용을 포함해 투자 금액은 약 147억 원이었다. 그런데 이 건물을 공실 상태로 유지한 채, 다음 해 5월 150억 원에 매각했다. 대출 이자 등을 고려하면 큰 이익은 남지 않았지만, 사실 손해를 봤다고 보기도 어렵다. 이 사례에서 중요한 점은, 이들이 공실 상태로도 건물을 매각할 수 있었다는 것이다. 요지에 위치한 건물은 공실이나 시장 불황으로 인해 큰 손해를 보기보다, 약간의 가격 조정만으로도 매매가 이뤄진다. 따라서 공실로 인해 건물주가 파산하거나 큰 손해를 본다는 이야기는 다소 과장되었다는 의미다.

한 투자자가 2022년 7월에 200억 원에 매입한 건물이 있었다. 근저당은 약 180억 원 정도였는데, 이 건물을 2024년 2월에 220억 원에 매각했다. 취득세와 부대 비용을 포함해 약 210억 원이 원가였고, 10억 원 정도의 차익이 발생했다. 이자와 법인세 등을 고려해도 손해보다는 조금의 이익이 생긴 것이다. 물론 이처럼 모든 건물이 이익을 남기는 것은 아니다. 2020년 4월, 금천구 시흥동의 한 건물을 37억 7,500만 원에 매입한 사례를 보면, 2024년 37억 원에 매각하며 약간의 손실을 발생시켰다. 취득세와 이자를 포함하면 약 3억 원 정도의 손해를 본 셈이다.

결론적으로, 대중성이 있는 일반적인 근린생활시설을 샀을 때는 시장 상황이 어려워져도 크게 손해를 보지 않는다. 반면, 일반적이지 않은 건물들은 큰 손해를 볼 수 있다. 따라서 영끌을 해서 건물주가 되었다고 해서 무조건 큰 손해를 보는 것은 아니다. 적절한 판단과 관리가 이루어진다면 위험을 충분히 관리할 수 있다. 결국 중요한 것은 시장을 읽는 눈과 지속적인 관리이며, 살 때부터 좋은 물건을 사는 것이 무엇보다도 중요하다.

장기적으로 안정적인 수익을 목표로 하고, 시장의 흐름에 맞춰 신중히 접근한다면 건물 투자는 여전히 매력적인 자산 증식 수단이 될 수 있다. "영끌 건물주는 망한다"라는 고정관념에서 벗어나, 데이터와 사례에 기반한 합리적인 판단이 무엇보다 중요하다.

제2원칙

나만의 경쟁력을
갖춰라

꾸준히 지속 가능한
노력을 한다는 것

"노력과 성실은 꿈을 현실로 연결하는 가교와 같다. 꾸준히 노력하는 사람에게는 희망이 넘친다. 또한 희망은 꾸준한 노력에서 비롯된다. 꿈을 안고 전진해야 한다. 꿈이 이끄는 곳까지 최대한 멀리 나아가야 한다."

일본의 작가인 이케다 다이사쿠의 말이다. 나는 내 인생을 하나의 무대라고 생각한다. 그 무대 위에서 내가 잘하는 모습을 관객들에게 보여주는 것을 좋아한다. 그래서 내 인생이라는 무대 위에 서 있는 나는 사람들의 박수를 원하고 항상 주목받는 주인공이고 싶다. 사실 학창 시절에는 매우 내성적인 아이였다. 요즘 MBTI로 보면 극 I에 가깝다. 다른 사람의 관심이 부담스러웠고, 가능하면 그것을 피해 왔던 것 같다. 그러다 어느 순간부터 관심과 칭찬이라는 주목을 받게 되었고, 그 맛을 알고 나서부터는 점점 더 큰 관심과 칭찬을 원하게 되었다. 그런 의미에서 내가 꾸준히 성실하게 노력하는 것은 앞으로도 오랜 시간 관객들의 관심과 격려를 받고 싶기 때문이다.

내가 인생을 관리하는 방식은 단순하다. 사람들이 나를 어떻게 바라보고, 어떻게 평가하는가에 따라 나를 판단해 보는 것이다. 나는 사람들이 "김주환, 흐트러진 것 같은데?"라고 생각하는 걸 원치 않는다. 그래서 실수하는 모습을 보이기 싫고, 사람들이 나를 목표로 하거나 나를 닮고 싶다고 하면 기분이 좋다. 나는 사람들의 평가에 신경을 많이 쓴다. 예를 들어, 살이 찌면 '내가 나태해졌구나' 자각하고 바로 운동을 하고 식단 조절을 한다. 외적으로 부족한 부분이 보이면 더 신경을 쓰고, 대화할 때도 예의에 어긋나지 않는 선에서 재미있는 대화를 이어가려고 노력한다. 그리고 장황한 말보다 나의 성향을 보여주는 한 마디 한 마디에 신경을 쓴다. 이런 성향이 결국 내가 실천하는 자기 관리의 근본이다.

객관적으로 나를 바라보면 사실 나는 게으른 편에 속한다. 아침에 일찍 일어나는 것도 내가 일을 좋아해서 가능한 일이다. 누군가는 저절로 눈이 떠진다는데 나는 그렇지 않다. 즐겁고 신나야 한다. 지금 이 자리까지 온 것도 단순하게 운이 좋거나 재능이 좋아서가 아니다. 꾸준하게, 올바른 방법으로 지속 가능한 노력을 오래 해 왔기 때문이다. 결국 마음이 힘들거나, 누군가로 인해 스트레스를 받거나, 유혹이 많거나 이런 것들을 얼마나 잘 견뎌내고 관리할 수 있느냐가 가장 중요하다. 내가 빌딩 중개업에 종사하며 가장 처음으로 가졌던 생각은 "이쪽 분야에서는 완전 초보자이고 아무것도 모르는 사람이니 무조건 배워야 한다"라는 것이었다. 뭐든지 배우려 하고 조금 내 생각과 안 맞는 말이 들려와도 최대한 받아들이려고 노력했다. 즉 내가 스스로 부족하다는 것을 인정한 것이다.

두 번째로는 사생활을 최소화한 것이다. 지방에서 올라와 금전적으로 여유도 없었고 성공하기 위해 서울에 왔으니 일에 집중해야 한다는 생각을 했다. 그래서 쉬고 싶고, 놀고 싶고, 하고 싶은 것들은 성공한 뒤에 하는 것으로 미루었다.

세 번째는 초심자의 마음을 유지하는 것이다. '나보다 먼저 시작한 사람들보다 하루에 딱 하나씩만 더 하자'라고 다짐했다. 그렇게 1년이 누적되면 300개가 넘고, 그러다 보면 언젠가 그 사람들을 뛰어넘을 수 있지 않을까 생각한 것이다. 사실 노력이라는 것도 무작정 해서는 안 된다. 이룰 수 있는 확률이 높은 방식은 어느 업계에서나 존재한다. 당연히 처음 일을 시작할 때는 맨땅에 해당하는 식이지만, 회사에서 일을 잘하는 사람들을 관찰하고 그 사람들에게서 적극적으로 배워야 한다. 사람마다 잘하는 것이 있고 나보다 성과를 잘 내는 사람들에게는 그만의 비결이 있다. 그런 것들을 벤치마킹해서 내 것으로 만들며 노력해야 하는 것이다. 누군가는 너무 뻔한 얘기라고 할지 모르겠다. 하지만 노력은 꾸준히 지속하다 보면 마치 복리이자처럼 성과로 드러난다. 결국 하다가 중도 포기하면 이자가 별 볼 일 없는 것이고, 적절한 방법을 배워서 지속하면 시간이 지남에 따라 큰 선물로 돌아올 것이다. "저도 올바른 방법으로 열심히 노력하는데 왜 결과가 없는 걸까요?"라고 묻는 사람이 있다면 멈추지 말고 결과가 나올 때까지 밀어붙이라고 답할 수밖에 없다. 복리이자처럼 쌓아나간다고 생각해야 한다.

나 역시 오랜 시간 동안 일하면서 매 순간 초심일 수는 없었다. 현타가 오거나 좀 쉬고 싶을 때도 있었고, 힘든 일도 주기적으로 찾아왔다. 하지만 그런 일들에 흔들리는 시간을 최소화하려고 애썼고, 내가 할 수 있는 현실적인 노력을 계속했다. 그 덕분에 나보다 조금 더 먼저 일했거나 비슷한 시기에 일한 사람과 최소 10배에서 20배의 차이가 생겨났다. 아마 1년이라는 시간 동안 내가 그들에 비해 365번씩은 뭔가를 더 많이 시도했을 것이다. 그것이 2년이 쌓이면 2의 배수가 되고, 3년이 되면 3의 배수가 되면서 사람들이 나를 인정하기 시작했다. 모르는 사람들은 운이 좋았다고 말하지만 내가 얼마나 노력했는지는 누구보다 내가 잘 알고 있기에 나의 성공에 대해 자부심을 가질 수 있었다.

반드시 거래가 이뤄지는
협상의 기술

빌딩중개사로서 시간이 지날수록 깨달은 점은, 아무리 작은 거래라도 신중하게 접근해야 한다는 것이다. 부동산 거래에서 가장 중요한 요소는 단연 신뢰다. 고객의 신뢰를 잃는 순간, 다음 거래는커녕 현재 진행 중인 거래조차 성사되기 어렵다. 그래서 나는 고객과의 협상에서 몇 가지 원칙을 세우게 되었다.

협상은 고객과의 첫 만남에서부터 이미 시작된다. 첫인상은 오래 기억에 남기 때문에, 나는 항상 밝은 미소로 고객을 맞이한다. 고객이 편안하게 자신의 의견을 표현할 수 있는 분위기를 조성하는 것이다. 그러나 모든 것을 받아들이는 태도는 지양해야 한다. 고객의 의견을 존중하되, 필요할 때는 단호하게 "아니요"라고 말할 줄 알아야 한다.

　홍대에 있는 어떤 건물을 매매할 때의 일이다. 당시 매수인은 48억 원을 제시했고, 매도인 부부는 50억 원을 고집했다. 이를 조율하기 위해 나는 매도인 부부를 만나러 갔다. 커피숍에서 이야기하자는 내 제안은 거절되었고, 대신 그들은 차 뒷좌석에서 대화를 나누자고 했다. 나는 그들의 의견을 존중하면서도, 정중하게 가격을 낮춰야 하는 이유를 설명했다. 고객을 설득하는 데는 다양한 방법이 있지만, 나는 언제나 호감을 유지하며 내 주장을 전달하려고 한다. 고객을 압박하거나 피곤하게 만드는 방식이 아닌, 상호 존중 속에서 대화하는 것이 중요하다고 믿기 때문이다. 그렇게 해야 고객과의 신뢰를 잃지 않으면서도, 합리적인 금액으로 합의점을 찾을 수 있다. 고객의 기분을 상하게 하면 거래 자체가 무산될 위험이 있다. 그날 매도인 부부는 결국 이렇게 말했다.

"이 총각, 사람 좋은 표정으로 할 말은 다 하네."

　그러면서 내가 제안한 금액을 받아들였고, 거래는 성사되었다.

　협상은 때로 그 자리에서 끝내야 할 때도 있지만, 그렇지 않은 경우도 많다. 중요한 것은 항상 고객과의 관계를 최우선으로 생각하는 것이다. 고객과의 관계를 악화시키는 행동은 피하고, 동시에 해야 할 말은 반드시 해야 한다. 때로 고객의 언성이 높아지거나 표정이 차가워지는 상황도 있지만, 중개인은 이러한 상황에서도 위축되지 않아야 한다. 즉, 핵심 업무인 영업의 본질을 잊지 않는 것이다.

매수인에게 화를 내는 고객을 대할 때 중개인의 태도는 더욱 중요하다. 매수인이 눈앞에 없다는 이유로 욕설을 하거나 불만을 쏟아낼 때, 중개인은 여기에 동조하거나 감정적으로 대응해서는 안 된다. 자칫 고객이 이미 화가 나 있는 상황에서 대화 분위기가 더 악화되어 협상 과정이 난항을 겪거나 거래 자체가 무산될 위험이 커지기 때문이다. 중개인은 전문가로서 감정을 조절하는 능력이 있어야 한다. 고객이 화를 내더라도 침착하고 예의 바르게 대응하면 중개인의 전문성이 돋보이고, 고객 역시 이후 중개인의 태도를 긍정적으로 평가할 가능성이 높다.

어쩌면 영업의 핵심은 멘탈 관리에 달려 있는 게 아닌가 가끔 생각한다. 감정에 휘둘리지 않고 차분하게 본분을 지키며 일하는 태도가 무엇보다 중요하기 때문이다. 열심히 일하는 건 아마추어고, 일을 효과적으로 잘 해내는 것이 프로의 자세이며 진정한 능력이다. 이를 머리로는 이해하고 있어도 실제 상황에서 실천하기란 쉽지 않다. 내가 항상 이 자리에서 해야 할 일과 목표를 명확하게 기억하고 마음을 다

스리자. 이는 고객의 신뢰 확보와 거래 성사, 추가적인 의뢰, 입소문을 통한 신규 고객 확보 등의 결과로 이어지게 만든다. 단호하면서도 예의 바른 태도는 고객에게 중개인으로서의 전문성과 인간적인 신뢰를 동시에 심어주는, 가장 강력한 무기임을 나는 믿는다.

또한, 협상에서 처음부터 내가 원하는 조건을 정확히 제시하지 않는 것도 중요한 전략이다. 예를 들어, 내가 목표로 하는 가격이 110억 원이고, 매도인의 요구가 120억 원이라면, 처음에는 100억 원을 제안한다. 고객은 언제나 더 나은 조건을 요구하기 때문에, 처음부터 정확한 가격을 제시하면 협상의 여지가 줄어든다. 처음에는 다소 차이가 있어도, 협상을 통해 적정선에 도달하는 것이 훨씬 효과적이다. 부동산을 매각하기로 결심한 고객은 이미 많은 고민 끝에 계획을 세운 상태이기 때문에 처음 제시한 조건에서 크게 벗어나기 어려운 경우가 많다. 나는 이러한 심리적 요인을 활용해 협상을 이끌어 갔다.

협상 과정에서 가장 주의해야 할 것은 이른바 '승자의 저주'다. 이는 물건을 적절한 가격에 구매했음에도 마치 손해를 본 것 같은 기분을 느끼는 상황을 뜻한다. 특히 물건을 거래할 때 상대방이 내가 제안한 가격을 너무 쉽게 받아들이면, 오히려 "내가 뭔가 잘못된 거래를 했나?" 하는 의심이 들 수 있다. 즉 적절한 금액으로 거래가 성사되었음에도 불구하고 고객이 손해를 봤다고 느끼지 않도록 신경 써야 한다.

만약 고객이 원하는 조건을 너무 쉽게 수용했다면, 그들은 자신의 선택을 의심하게 될 가능성이 높다. 따라서 거래가 성사되는 과정에서 어려움이 있었음을 강조하며 고객의 만족감을 높이는 것도 효과적인 전략이다.

한번은 매도인이 2년 전에 원가 50억 원에 매수한 물건을 매수인이 45억 원에 달라고 했던 상황이 있었다. 이 매도인은 급하게 돈이 필요했지만, 금액을 함부로 깎았다가는 감정이 상할까 우려되었다. 이럴 때, 상대방이 스스로 인정할 수 있도록 만드는 것도 협상의 기술이다. 즉, '이건 내가 깎은 거야. 저 사람 때문이 아니라, 내 선택이야'라는 생각을 갖게 해야 한다.

나는 당시 매도인에게 "저희 손님이 사장님께서 원치 않는 가격을 제시해서 말씀드리기가 어렵습니다. 사장님께서는 어느 정도 받으시고 싶으신가요?"라고 물었다. 그분은 48억 원이라고 대답했다. 매수인이 제시한 금액과 3억 원이나 차이가 났기 때문에 나는 이렇게 대답했다.

"부동산은 어차피 시간이 지나면 원가를 회복하니까,

팔지 말고 가지고 계시는 게 좋겠습니다."

나는 사실 그분이 팔고 싶어 한다는 것을 알고 있었기 때문에, 일부러 반대로 말한 것이다. 고객들은 청개구리 같은 성향이 있어서, 내가 하자고 하는 반대로 행동하는 경우가 많다. 그래서 안 될 것 같은 협상일 때는 오히려 팔지 말라는 전략을 쓰기도 한다. 내가 팔지 말라고 하자, 그분은 오히려 "아니, 매수인이 얼마를 얘기하는데요?"라고 반문했다. 그래서 "45억 원을 제시했는데, 그 금액이면 5억 원이나 손해 보셔야 하니까, 저는 3년 정도 더 가지고 계시다가 나중에 파셨으면 좋겠습니다"라고 대답했다. 3년이라는 시간은 결코 짧지 않다. 그래서 나는 그가 3년을 더 가지고 있을지, 조금 손해 보고 팔지 고민하게 만들었다. 결국 45억 원에 바로 계약을 성사시킬 수 있었다.

사실 내가 제시한 금액에 그분이 건물을 팔 것이라고 100% 확신했던 것은 아니다. 다만 그분이 건물을 팔고 싶어 한다는 것은 알고 있었고, 나는 뭔가 다른 조건을 제시해야만 금액을 낮출 수 있으리라 생각했다. 그렇지만 그때는 더 이상 제시할 조건이 없었기에 시간을 던지는 전략을 택한 것이다. "이 가격을 받으려면 몇 년이 더 걸린다"라는 식으로 말이다. 매도인은 당장 팔고 싶어 하는 상황이니, 이 전략이 통할 확률은 반반이라고 생각했다. 보통 큰 부동산을 팔기로 마음먹었을 때는 나름의 고민을 많이 하고 내놓는다. 또한, 팔고 나서의 계획도 이미 세워둔 경우가 많다. 즉 이미 팔기로 마음먹었고 그럴 계획이 있다면 그 결정을 번복하지 않는 경우가 대부분이다. 그래서 내가 제시한 금액으로 팔더라도 원래 계획했던 것을 할 수 있을지 고민하게 만드는 것이 중요하다. 한번 세운 계획을 엎기란 결코 쉽지 않기 때문이다.

특히 부동산 거래는 건물 매매의 특성상 잘못된 선택이 주식처럼 빠르게 수정되지 않기 때문에, 안전한 매물을 중개하는 것이 필수다. 이를 위해서는 고객이 믿고 맡길 수 있는 중개인이 되어야 한다. 고객이 신뢰를 느끼고, 앞으로의 거래에서도 나를 선택할 수 있도록 하는 것이야말로 중개인의 가장 중요한 역할이다. 협상은 단순히 금액을 조율하는 과정이 아니다. 이는 고객이 나를 신뢰하고 파트너로 믿을 수 있게 하는 과정이다. 나는 신뢰를 유지하기 위해 지속적인 사후 관리를 소홀히 하지 않는다. 이는 다음 거래를 위한 준비뿐만 아니라, 고객에게 진정성을 보여주는 과정이기도 하다. 고객의 필요를 적극적으로 지원하고, 시장의 변화나 새로운 투자 기회를 공유함으로써 관계를 더욱 견고하게 만들 수 있다. 고객이 나를 선택하는 이유는 단순히 좋은 조건을 제시했기 때문이 아니다. 그들은 내가 그들의 신뢰를 받을 만한 사람이라고 확신한다. 신뢰는 행동으로 증명해야 하는 가치다. 나는 고객의 신뢰를 저버리지 않기 위해 항상 최선을 다해왔다. 이 원칙은 부동산 중개업뿐 아니라 모든 영업 분야, 나아가 일상

생활에도 적용될 수 있다.

앞선 사례들은 영업인으로서 반드시 명심해야 할 것들이다. 이론적으로는 알고 있어도 실전에서는 잊어버리기 쉬운 부분들이기도 하다. 이를 잊지 않기 위해서는 항상 염두에 두고 실천하는 자세가 필요하다. 이는 빌딩 중개업에만 해당하는 것이 아니라, 모든 영업 분야와 더 나아가 인간관계에서도 동일하게 적용된다. 결국, 우리의 일상과 삶은 끊임없는 협상의 연속이다. 매일의 선택과 결정 속에 상대방이 만족스러운 경험을 할 수 있게 돕는 것, 그것이야말로 영업인의 가장 큰 가치다.

혼자서는
절대 성공할 수 없다

"넌 이기적인 새끼야."

뒤늦은 나이에 빌딩 중개업에 뛰어들었던 후배를 내 유튜브 채널에 출연시켰던 적이 있다. 그때 내가 그 직원에게 이야기했던 말이다. (사실 과거에 나에게 했던 말이기도 하다.) 나는 한때 나만의 목적만 바라보고 동료들이 나를 뭐라고 생각하든 전혀 신경 쓰지 않던 사람이었다. 그때는 결과에 목이 말랐고 그런 걸 신경 쓸 여유가 없었다. 그게 정답인 줄 알았다. 그러다 나도 성장해서 팀장이 되고 내 직원을 가르치다 보니 나 자신을 돌아보게 되었다.

그동안 영업인으로서 나름대로 열심히 일한다고 생각했지만, 내가 회사와 동료들에게 어떤 영향을 미쳤는지에 대해서는 한 번도 깊이 고민해 본 적이 없었다. 영업은 실적이 가장 중요하다고 믿었고, 목표 달성을 위해 개인적으로만 움직였다. 그러나 그 순간 나는 깨달았다. 나만 생각하는 이기적인 태도로는 결국 팀과 회사의 발전을 저해할 뿐 아니라, 장기적으로 나 자신도 성장할 수 없다는 사실을. 우리는 모두 같은 목표를 향해 가는 팀이다. 영업은 단순히 개인의 노력으로만 성과를 낼 수 있는 일이 아니다. 성과가 부족한 사람들은 자신만의 영업 키워드를 찾아내기 위해 성공한 동료들과 대화를 나눠야 한다. 그러나 자기 일에만 몰두해 다른 사람과의 교류를 끊어버린다면 발전의 기회를 잃게 된다. 영업은 단순히 책상에 앉아 있는 시간으로 성과를 낼 수 있는 일이 아니다. 다른 사람들과의 대화를 통해 스스로 미처 깨닫지 못한 부분을 배우고, 함께 일해야 성공에 가까워진다. 타인을 도우라는 말이 아니다. 타인과의 대화를 통해 그들이 어떻게 성과를 내는지 파악하고, 영업을 잘하는 사람들의 공통점을 자신의 것으로 만들어야 한다. 혼자만의 노력으로는 한계가 있지만, 동료들과 협력하면 그 한계를 넘을 수 있다.

나는 한때 '나 혼자가 아닌 우리 팀이 잘됐으면 좋겠다'라고 생각했다. 내 밑에 직원이 들어왔을 때 퇴근 시간 이후에 혼자 남아 그 직원을 위한 교육 자료를 만들었다. 당시 회사에는 따로 교육 자료라든지 교육을 시켜주는 사람이 없었기 때문에 혼자서 그걸 만들 수밖에 없었다. 왜냐하면 내가 속한 팀이 강력해졌으면 좋겠다는 생각이 들어서였다. 당시 우리 팀을 이끌던 팀장님은 나이가 있는 여성분이었는데 다른 팀 팀장이나 차장들에게 무시를 많이 당했다. 그 모습을 보고 나는 그분에게 경쟁력이 되어 주고 싶었다. 공부도 남을 가르치면서 내가 더 많이 알게 되듯, 회사에서 자꾸 교육을 하다 보니 오히려 내 실력이 점점 늘어났다. 결국 나중에는 회사의 모든 직원이 나에게 교육을 받으러 오게 되었다.

계약을 성사시키는 일은 결코 혼자 이루어질 수 없다. 회사에서 내 편을 많이 만들고 리더십을 배우며 일을 하는 것이 결과적으로 자신에게 이득이 된다. 우리 회사는 팀으로 구성되어 있으며, 나 역시 팀을 이끌고 있다. 팀원들이 내 아래서 업무를 수행하는 동안, 나는 선배들이 앞장서고 후배들이 잘 적응할 수 있도록 배려하는 문화를 만들고자 항상 노력해 왔다. 이런 문화를 통해 팀은 더욱 단단해지고, 자연스럽게 성과를 내는 팀으로 성장하게 된다. 내 주변 사람의 평균이 나를 대변한다는 말이 있듯 내 주변 사람들이 잘되어야 나 역시 잘되는 것이다. 지금도 나는 소속감에 대해 굉장히 중요하게 생각한다. 반대로 이야기하면 회사의 모든 사람이 우리 회사의 얼굴이라는 의

미이다. 매도인을 만나든 매수인을 만나든 직원들 개개인이 회사의 얼굴이라고 생각한다. 나는 우리 회사의 모든 구성원이 제대로 성장하길 바란다.

고객도 마찬가지다. 이기적인 모습만 보이면 고객 역시 '이 사람은 오직 목적 달성을 위해서만 일하는구나'라는 생각을 하며 중개인을 목적 달성의 도구로 여길 뿐이다. 중개인은 고객에게 친화력 있고 배려하는 모습을 보여야 장기적인 우호 관계를 유지할 수 있다. 한 번 거래를 했던 고객이 다시 오는 경우도 있고, 고객으로부터 지인을 소개받아 새로운 고객으로 이어지는 경우가 많다. 이런 선순환이 영업의 본질이며, 이는 회사 내에서도 마찬가지다. 서로에게 진심으로 다가가고 서로를 이해하려는 노력은 결국 큰 성과로 이어진다.

물론, 영업인으로서의 삶은 때때로 고독하고 경쟁적일 수밖에 없다. 그러나 그 속에서도 나는 항상 동료들과의 관계를 소중히 여기며 함께 목표를 이뤄나가고 싶다. 앞만 보고 달려가는 과정에서 나 개인의 성과를 위해 다른 사람에게 피해를 주든 말든 상관없다는 이기적인 생각들이 나를 지배할 때가 있다. 하지만 중개인 영업이라는 것은 혼자 힘으로 성장하는 것은 불가능하다. 어느 순간 나는 단순히 개인의 성공만을 추구하는 것이 아니라, 동료들과의 협력과 상생을 통해 더 큰 성공을 이루어야겠다고 다짐하게 되었고, 내가 먼저 이타적인 사람이 되고 나서 생기는 내 주변인들이 주는 강력한 효과를 명확히 알고 있다. 그래서 지금도 나는 우리 직원들에게 이타적으로 구는 것이 당장은 손해인 것처럼 보이지만 멀게는 장기적인 성공을 가져온다는 것을 알려주려고 노력하고 있다.

나 또한 모든 상황에서 완벽하게 행동할 수는 없겠지만, 회사와 팀에 긍정적인 영향을 미치는 사람이 되기 위해, 오늘도 스스로를 돌아보고 노력한다. 개인의 성공은 팀의 협력 속에 더욱 빛난다. 함께 일하고, 함께 성장하며, 모두가 이기는 환경을 만들어 가면 좋겠다.

롤모델을 찾지 말고
스스로 롤모델이 되라

처음에 내가 빌딩중개업을 시작했을 때 주변의 인식은 그리 긍정적이지 않았다. 하다못해 내 친척들도 "왜 복덕방 일을 하느냐"며 의아하다는 반응이었다. 내가 이 일을 시작할 당시만 해도 남의 공인중개사 자격증을 빌려서 부동산을 운영하는 사람도 있었고, 아무 경험도 없는 사람들이 실장이라는 직함을 달고 주먹구구식으로 중개를 하는 방식이 여전히 유효했으니 주변 사람들의 인식이 그럴 만도 했다. 물론 변변한 수입이 없던 입사 초반의 이야기이고 지금은 인식이 많이 바뀌었다. 나는 이 일을 하며 "나도 저 사람처럼 되고 싶다, 저 직업 돈도 많이 벌고 멋있는 직업이구나"라는 인식을 심어주는 사람이 되고 싶었다. 그래서 나에게 방향성을 제시해줄 수 있는 사람을 오랫동안 찾았지만 애석하게도 그런 롤모델을 만나지는 못했다.

나는 항상 뭘 하든 잘될 거라는 확신이 있었다. 하지만 처음부터 그런 확신을 가진 건 아니다. 2008년에 우연히 서점에 갔다가 처음 알게 된 책의 내용대로 실천해 나가기 시작하면서 지금의 결과를 만들 수 있었다. 그 책은 바로 『시크릿』이다. 자기계발서를 좋아하지 않는 사람도 한 번쯤은 책 제목을 들어봤을 정도로 초대형 베스트셀러였던 책이다. 이 책의 주된 내용은 '1%만 알고 있는 부와 성공에 대한 비밀 그리고 끌어당김의 법칙'이다. 처음에는 읽어도 무슨 말인지 솔직히 좀 난해했다. 그러나 원하는 것을 얻을 수 있다는 말에 이끌려 책에서 말하는 내용대로 작은 것부터 끌어당겨 보기 시작했다. 지방에서 서울에 올라와 보니 내가 참 많이 부족한 사람이라는 것을 알게 되었다. 너무나 성공하고 싶어서 성공에 대한 공식이나 답안지가 있다면 무조건 그대로 실행하리라 마음먹었지만 아무리 사람들에게 그 방법을 물어도 뜬구름 잡는 듯한 이야기만 해댔다. 그때부터 성공과 동기부여에 대한 책은 모조리 읽어보고 단 한 줄이라도 공감되는 내용이 있으면 메모를 해 두고 실천하려고 노력했다.

『시크릿』에 나오는 구체적인 내용은 다음과 같다.

"끌어당김의 법칙, 생각하면 이루어진다. 이미 내가 얻은 것처럼 생각하고 행동하라. 구하라. 믿어라. 받아라. 구체적으로 상상하라. 하지만 소원은 이루어지는 데 걸리는 시간도 내 마음에 따라 달라지기 때문에 모든 게 나의 생각에 달려 있다. 안 좋은 일이 일어나면 잠시 멈춰서 주파수를 조정하라. 긍정적인 사고를 하고 미래에 일어날 일을 생각하라. 그리고 감사하라."

무엇보다 이 책에서 가장 중요한 메시지는 "원하는 것을 내가 이미 가지고 있다고 느껴야 한다는 것, 결국 척을 해야 한다"라는 것이다. 나는 이 내용을 신앙처럼 여기고 전적으로 믿었다.

동기부여와 관련된 자기계발서를 읽다 보면 "목표를 구체화하라, 긍정적으로 생각하라, 실행하라, 자기 자신을 믿어라"라는 뻔한 원칙들이 등장한다. 어쩌면 『시크릿』 출간 이후로 많은 자기계발서의 내용이 비슷해진 것 같다는 생각도 든다. 어쨌든 생각해 보면 일하는 동안 힘든 순간도 많았지만, 단 한 번도 내가 실패할 거라고 생각해 본 적은 없다. 실패가 와도 당연한 거니까 이겨낼 수 있다고, 하나도 힘들지 않다고 생각했다. 이 책을 접한 순간부터 또 한 가지 결심한 것이 '회사 내에서 내가 모든 사람의 롤모델이 되자'는 것이었다. 우리 회사의 모든 직원과 더 나아가 이 업계에 종사하는 모든 사람의 롤모델이 되기 위해 정말 열심히 했고, 모든 직원에게 내가 얻고 알게 된 것을 나누려고 노력했다. 필요하다면 언제든지 적극적으로 도와주려고 했다. 그런 척이 아니라 정말 진심을 다해서 말이다.『시크릿』에 보면 "먼저 주어야 받을 수 있다"라는 구절이 나온다. 뒤에서 더 자세히 이야기하겠지만 나는 모든 것을 내려놓고 확실하게 주기로 마음먹었다. 줄 거면 다 주자는 생각이었다. 받을 것을 기대하지 않고, 그런 마음조차 내려놓고 온 마음을 다해 돕고 나누었다.

내가 15년간 일했던 전 회사에서도 상위 10%의 법칙이 당연히 존재했다. 그리고 평범한 중간선에 30%가 존재했고, 회사 입장에서는 회사의 이익에 크게 도움이 되지 않는 나머지는 시간이 갈수록 방치되어 갔고, 도태되어 간다.

나는 스스로 롤모델이 되는 순간 일에서뿐만 아니라 여러 가지 형태로 생각이나 행동이 바뀌게 되었다. 나는 성공한 롤모델이고 나도 배고플 때가 있었으며 지금은 이렇게 성장했다. 그래서 방치되고 도태되어 가는 그들을 내가 도와야 한다고 생각했다.

그렇게 일에서 성과가 나지 않는 직원들을 데려다가 교육을 하기 시작했다. 교육 자료를 스스로 만들고 내가 결과를 만들어 가면서 알게 된 모든 노하우를 알려주었다. 쫓아다니면서 사비로 옷도 사주고,

같이 미팅도 해 주었다. 한 번 늪에 빠진 사람들은 혼자서 그 늪을 헤치고 빠져나오지 못한다는 걸 잘 알았기 때문이다. 하지만 나는 이런 행동들이 나에게 손해라고 생각하지 않는다. 결국 이런 나의 행동들은 다른 형태로 나에게 좋은 결과로 다시 돌아오는 걸 알고 있다.

나는 돈을 많이 벌고 싶다는 생각은 뒤로 미루고 항상 우리 회사의 롤모델이 되는 상상만 했다. 누군가의 롤모델이라는 건 당연히 일도 잘하고 계약을 많이 써야 하니까 그러면 돈은 따라오는 거라고 생각했다. 그래서 지금도 어떤 결정을 내리기 전에 항상 생각한다.

'내가 모든 사람의 성공한 롤모델이라면 배우고 싶고
따라 하고 싶은 사람이라면 어떻게 생각하고 어떻게 행동할까?'

나는 이 물음을 가슴에 품고 모든 결정을 내렸다. 나는 지금 빌딩중개법인 회사의 대표이사가 되어 있고, 2017년에 만들었던 10년 뒤 목표 중 70% 이상을 3년 만에 이루게 되었다. 성공하고 싶다면 내가 그랬던 것처럼 당신도 어떤 분야에서는 롤모델이 되려고 애써야 한다. 어떤 사람이 되고 싶다고 결정해야 하고 그 사람이 이미 된 것처럼 행동해야 한다. 그래야 인생이 바뀐다.

열심히 하는 것만이
전부는 아니다

내가 현재 운영하는 '빌딩하는 형' 유튜브 채널에 이런 댓글이 달린 적이 있다.

"성공 확률을 높이려고 일을 열심히 하긴 하는데 잘 안 됩니다.
어떻게 해야 성과를 낼 수 있을까요?"

열심히 노력하면 누구나 성공할 수 있을까? 무엇인가에 실패했다면 그 이유가 무조건 노력을 게을리해서일까? 뼈를 깎는 노력이 없으면 그 누구도 성공할 수 없는 것일까? 성공을 위해서는 사람의 성향이나 기질이나 재능에 상관 없이 남을 밟고 올라서려는 독기가 필수적인 것일까? 우리는 흔히 성공하기 위해 지나치게 애쓰고 노력해야 한다는 착각 속에 빠져 있다.

마이클 샌델은 자신의 책 『공정하다는 착각』에서 이렇게 말한다.

"르브론 제임스는 매우 인기 있는 스포츠인 농구를 하며 수백만 달러를 벌었다. 탁월한 운동 재능을 가진 것 말고도, 르브론은 그 재능을 가치 있게 여기고 보상해 주는 사회에서 산다는 행운을 누린다. 그가 잘할 수 있는 스포츠를 좋아하는 사람이 많은 사회에 살고 있음은 그가 노력한 결과가 아니다. 가령 르네상스 시대의 피렌체처럼 농구선수가 아닌 프레스코 화가가 각광을 받던 시대에 태어났으면 어땠을까?"

마이클 샌델의 말처럼 르브론 제임스가 농구선수를 할 수 있는 신체 조건을 가지고 태어난 것, 농구를 좋아하는 사람들이 사는 미국이라는 나라에 태어난 것, 현대 사회를 살아가고 있는 것, 천부적인 운동 신경을 가지고 있는 것 모두 노력의 결과가 아니다. 물론 모든 것이 타고났다 해도 NBA라는 무대에서 활동하기까지 그도 적잖은 노력을 했을 것이다. 하지만 열심히 하는 것은 누구나 하는 일이다. 거기에 자신이 타고난 재능까지 더해져 성과가 나타나는 것이다. 즉 잘하는 사람들에게는 노력 외에 자기만의 방식이 있다는 뜻이다.

최근 이제 막 팀장이 된 후배와 밥을 먹으며 이런저런 이야기를 나눈 적이 있다. 열심히 해서 팀장이 되는 후배들을 보면 성향이 다양하다. 그럭저럭 잘하는 사람이 있고, 별생각 없이 회사만 다니는 사람이 있고, 완전히 따라잡기 힘들 만큼 탁월한 사람이 있고, 처음에는 적응하느라 지지부진하지만 결국에는 포텐이 터지는 사람이 있다. 밥을 함께 먹은 후배는 열심히 회사와 일에 적응하면서 어떻게 하면 성과를 잘 낼 수 있을지 이런저런 고민을 해 나가는 친구였다.

"저는 성격상 고객들에게 적극적으로 권유를 잘 못하는데 계약서 잘 쓰는 팀장들 보면 상대방이 기분 나쁘지 않게 적극적으로 권유를 잘하더라고요. 그래서 저도 그 팀장을 보고 따라서 제 고객에게 적극적으로 다가갔다가 연락이 두절됐어요. 부담스럽다고 다른 사람에게 맡기겠다고 하더라고요."

침울한 표정으로 말하는 후배를 보니 나도 예전에 비슷한 경험을 했던 일이 떠올라 공감이 되었다. 어쨌든 다른 사람의 방식을 따라 하더라도 그대로 따라 하기보다는 거기에 자신의 스타일을 더해야 내 것이 된다. 사람은 각자가 비슷한 것 같아도 다른 구석이 많기 때문에 무작정 벤치마킹하는 것은 때로 일을 더 그르치게 만들 수 있다. 기성 양복보다 맞춤 양복이 내 몸에 잘 맞아 자연스럽게 보이고 태가 나는 것처럼 누군가를 따라 할 때도 자신의 성격과 몸에 맞게 변형시킬 줄 알아야 한다. 성격상 맞지도 않는 얘기를 상대방에게 건네면 제대로 전달이 안 될 뿐더러 상대방이 오히려 거리낌을 느끼게 될 수도 있다. 진짜 진정성을 가지고 확신에 차서 이야기하는 것과, 성과를 위해 만들어진 이야기는 모를 것 같아도 상대방이 다 알아본다. 성공한 사람을 무작정 따라 해서 누구나 성공한다면 아마 이 세상에 성공하지 못할 사람은 단 한 명도 없을 것이다. 이는 정말 어리석은 생각이다. 성공의 법칙을 적용하되 자신에게 최적화하는 과정이 필요하다. 스스로가 먼저 납득이 되어야 하고 습관이 될 때까지 수많은 연습이 병행되어야 할 수도 있다. 방법을 자꾸만 고민하고 시행착오를 겪어야 비로소 자연스럽게 자신의 것이 된다. 나도 입사하고 5년 정도 지나고부터 '아, 이렇게 해야 하는구나' 하고 실제로 감을 잡아갔던 것 같다. 그 과정은 결코 쉽지 않았다. 열심히 했으니까 당연히 결과가 따라와야 한다는 것은 어쩌면 너무 순진한 생각이다. 내가 18년 동안 영업을 하면서 그냥 열심히 사는 게 정답이라고 말하는 고객은 단 한 명도 없었다. 그동안 만난 건물주와 자산가들 역시 자신만의 노하우로 돈을 벌고 좋은 운(그들은 본인들의 노하우나 실력을 운이라고 표현한다.)을 만나 자산을 늘려간 사람이 대부분이다. 또 타고나기를 부자로 태어난 사람도 많다.

어떻게 보면 열심히 하는 것은 기본 중에 기본이다. 숨 쉬는 것과 다를 바가 없다. 내 주변 사람들은 너 나 할 것 없이 모두가 다 열심히 하고 있다. 그런데 왜 결과는 다 다른 걸까? 그리고 왜 소득의 수준, 자산의 수준에서 차이가 발생하게 되는 걸까? '열심히'보다 더 중요한 것이 '잘하는' 것이기 때문이다. 그냥 회사에서 가르쳐 준 대로만 실행하고, 시키는 것만 하는데 자기만의 방식이라는 게 어떻게 생기겠는가. 영업 일 말고도 어떤 일에서든 마찬가지다. 결국 자기만의 방식이 없으면 도태되고 만다. 자기만의 스타일을 만들려면 당연히 시행착오를 겪는 시간이 필요하고 6개월~1년 정도 하다가 너무 힘들어서 포기하는 사람들이 많은데 그 정도의 시간은 연습량으로 충분하지 않다. 방향이 맞다는 생각이 들고, 작은 것이라도 결과가 나오기 시작하면 확신을 가지고 밀어붙여야 한다. 내가 확신을 갖는 순간부터 속도가 붙기 시작해서 빠르게 성과가 만들어지는 것을 경험하게 될 것이다. 2년이든 3년이든 5년이든 중간에 흔들릴 때가 오더라도 쭉 직진하는 게 무엇보다 중요하다.

나만의
전문 분야를 만들어라

사람 욕심이 다 그렇듯이 '잘 오르는 건물 혹은 땅'을 사고 싶어 한다. 시간이 갈수록 가치가 떨어지거나 그대로인 자산을 사고 싶어 하는 사람은 없다. 어떤 자산이 잘 오를까? 이것을 판단하려면 건물 가격이 상승하는 주요 요인이 무엇인지를 파악해야 한다.

첫째는 역세권처럼 인구 이동이 활발한 지역이어야 한다. 둘째는 금리다. 부동산은 안전 자산이기 때문에 불안정한 시기에는 사람들이 금을 사듯이 건물과 땅을 선호하게 된다. 세 번째는 중개인을 잘 만나야 한다는 것이다. 나는 이 세 번째 요인에 대해 더 자세히 이야기를 하고 싶다.

내가 하는 일에서도 "이 건물 좋아요. 사세요"라고 쉽게 말하는 사람들이 많다. 그래서 어느 정도 학습과 교육을 받은, 신뢰할 수 있는 중개인을 만나야 한다. 시장이 좋을 때는 상관없지만, 시장이 안 좋을 때는 역전세로 경매에 넘어가거나 손해를 보고 원가 이하로 팔아야 하는 일도 생기기 때문이다.

고객이 좋은 중개인을 만날 수 있는 몇 가지 팁을 소개해 본다. 이 말은 중개업을 직업으로 삼고자 하는 사람들에게도 큰 도움이 될 것이다. 먼저, 솔직한 사람을 만나야 한다. 데이터와 자료에 충실하고, 실제 사례에 근거한 이야기를 해줄 수 있는 경험 많은 중개인을 찾는 것이 중요하다. 부동산 시세라는 것이 아파트처럼 단순하게 설정되는 것만 있는 것이 아니다. 같은 길에 있어도, 비슷한 평수와 컨디션이라도 건물마다 금액 차이가 많이 날 수 있다. 이는 마치 사람과도 같다. 나란히 서 있어도 누군가는 키가 크고 누군가는 작듯이, 건물도 마찬가지다. 따라서 그동안 거래된 사례들을 취합하고, 그 데이터를 기반으로 가치가 저평가된 물건을 찾아줄 수 있는 전문 중개인을 만나는 것이 중요하다.

부동산을 다루는 사람들은 저마다 전문 분야가 있다. 어떤 사람은 주택 전문가, 어떤 사람은 임대 전문가, 또 어떤 사람은 빌딩 전문가인 것처럼 말이다. 주택을 전문으로 중개하던 사람이 빌딩을 중개한다면 전혀 모르고 거래하는 것이나 다름없다. 건물을 매입할 때는 전문 분야가 명확한 중개인과 거래하는 것이 가장 안전하다.

내가 빌딩 투자 전문가로서 첨언하자면, 빌딩 투자 패턴도 과거와 비교해 달라진 점이 많다. 과거에 건물주가 된다는 것은 그들만의 리그였다. 그러나 이제는 레버리지, 즉 대출을 활용하는 방식이 흔해지면서 진입 장벽이 많이 낮아졌다. 예전에는 100억 원짜리 건물을 사려면 50~70억 원이 있어야 가능했지만, 이제는 20~30억 원만 있어도 충분히 매입할 수 있다. 대출을 많이 받으면 망하지 않을까 걱정하는 사람도 있지만, 대출을 받은 기간 동안 이자만 낼 수 있으면 충분히 위험을 감수할 수 있다. 만기가 되면 다른 은행에서 얼마든지 연장이 가능하고, 팔 때는 매수자에게 받아서 대출을 갚으면 되니까 특별히 위험할 것도 없다. 이자만 내다가 차익이 발생하면 그때 돈을 버는 것이다.

물론 이 방법이 100% 성공한다는 보장은 할 수 없다. 그렇기 때문에 빌딩 중개인의 도움이 필요한 거고, 경험이 많은 중개인은 무엇이 더 성공 확률이 높은지 충분히 조언해 줄 수 있다. 경기가 좋지 않고 외부 요인을 예측하기 어려울지라도, 그 안에서 더 높은 확률을 찾아주는 것이 중개인의 역할이기 때문이다. 이 세상에 100% 성공할 수 있는 투자법이란 없다. 부동산 투자도 마찬가지다. 주식도 오를 것이라 예상하고 샀다가 물리기도 하고, 아파트도 샀다가 가격이 떨어지기도 한다. 투자 손실은 본인이 감당해야 하지만, 큰 금액의 투자이니만큼 신중하게 전문가에게 맡기기를 바란다.

과거에는 빌딩 투자에서 임대 수익이 꽤 중요한 매수 요소였다. 지금도 물론 임대 수입을 중시하는 사람도 있지만, 이제는 투자 수익에 더 집중하는 경향이 커졌다. 즉 팔 때 생기는 차익에 더 관심을 두고 임대료로는 이자만 감당하면 된다고 생각하는 사람이 많아졌다. 건물 소유자들은 소득 수준이 높기 때문에 임대료를 받으면 절반 정도를 세금으로 내야 한다. 그래서 몇 년 후에 건물을 팔면서 큰 차익을 얻는 것이 훨씬 이익이 된다는 걸 알고 임대료보다는 투자 수익에 포커스를 맞추는 것이다.

이런 변화와 흐름을 이해하고 투자하기 위해서라도 전문 중개인의 역할은 과거보다 더욱 중요해졌다. 앞으로 빌딩이든 주택이든 부동산 중개사로서 일하고 싶은 사람들이 있다면 반드시 자신의 전문 분야를 만들어야 한다. 동시에 시장의 흐름을 읽고, 건물의 가치를 정확히 평가하며, 적절한 시점에 매수와 매도를 결정하는 것은 매우 복잡한 과정임을 이해하고 고객의 성공적인 투자를 위해 공부해 나아가야 할 것이다. 성공적인 부동산 투자란, 고객의 철저한 준비와 전문가의 협력을 바탕으로 만들어지기 때문이다.

외모와 옷차림도
경쟁력이다

『슈퍼 석세스』라는 책을 쓴 50조 사업가 댄 페냐의 쇼츠 영상을 본 적이 있다. 영상의 내용은 '성공하는 사람의 옷차림'이다. 나는 이 영상을 보고 적잖은 공감을 했다. 그는 책에서도 "성공한 사람처럼 입고 다녀라. 당신이 성공한 사람처럼 보이면 사람들은 앞다투어 당신과 거래하려 들 것이다"라고 조언한다.

나 역시 옷차림이 매우 중요하다고 생각한다. 어느 정도까지 중요하다고 생각하느냐면 외형을 꾸미는 것은 영업의 첫 단추라고까지 말할 수 있을 것 같다. 첫 단추가 잘못 꿰어지면 다시 처음부터 다 풀고 다시 꿰어야 한다. 즉 첫 단추가 잘못 채워지면 회복하기가 쉽지 않다는 걸 말한다. 영업에서 첫 단추가 잘못 채워졌다는 것은 한 번에 끝낼 수 있는 미팅을 두 번 세 번 해야 한다는 것을 의미한다. 넘어야 할 산이 더 많아지는 것이다. 나는 외모를 가꾸는 것이 단순하게 자신 감만을 가져다준다고 생각하지 않는다. 내가 하는 일을 더 쉽고 수월 하게 만들어 준다고 믿는다.

내가 만약 칼을 차고 있는 전사라고 가정해 보자. 적을 무찔러야 하 는 사람으로서 칼도 예리하게 잘 다듬어서 가져왔다. 내가 칼만 꺼내 들면 모든 것을 제압할 수 있다. 영업인에게 칼은 능력일 테고, 외모 는 갑옷과 같다. 일단 외형이 상대방에게 위협이 될 정도라면 굳이 칼 을 꺼내 들 일이 없을 것이다(고객에게 위협적으로 보이라는 말이 아니다. 전사로서 예를 들자면 그렇다는 것이다). 명함은 전문가인데 외형이 전문 가처럼 보이지 않는다면 내가 왜 전문가인지를 입으로 계속 설명할 수밖에 없다. 그것은 참 볼품 없는 일이다.

만약 소개팅을 하러 왔는데 상대방이 후줄근하게 하고 와서 내 앞 에 앉아 있다면 어떤 마음이 들겠는가. '이 사람이 나를 무시하는 건 가? 소개팅을 무슨 동네 마실쯤으로 생각하는 건가?' 하는 마음이 들 수밖에 없다. 그래서 나는 무조건 클래식한 정장만 갖춰 입는다. 고 객을 만나러 가는 날이든 회사에만 있는 날이든 상관없이 항상 넥타 이까지 풀장착이다.

입장을 바꿔서 내가 고객이라면 "내가 지금 수십억~수백억짜리 건물을 사려고 상담하러 왔는데 차림새가 좀 그렇네?!"라는 생각이 드는 순간 바로 문밖으로 나가지 않겠는가. 상대방이 그렇게 생각하는 순간 모든 것이 꼬이기 시작하는 것이다. 나는 한겨울에도 롱패딩은 절대 입지 않는다. 무조건 코트다. 내 나이가 마흔이 넘었는데 "대표가 너무 어린 거 아니냐"라는 소리를 아직도 듣는다. 나는 그 말을 부정적으로만 듣지 않는다. 그만큼 내가 계속 관리를 해왔기 때문에 들을 수 있는 말이라고 생각한다.

나는 이 일을 시작한 초창기부터 와이셔츠는 무조건 세탁소에 드라이를 맡겼다. 그때 한 달 생활을 하면 다 떼고 수중에 3만 원 정도가 남았다. 당시에 입고 다니는 와이셔츠가 5개였는데 1번 셔츠를 하루 입고 나서 물을 뿌려놓고, 다음 날 2번 셔츠를 입고 물을 뿌려놓는 식으로 일주일을 입은 후에 월요일부터 다시 1번을 입는 식으로 2~3주를 버티다 한 달에 한 번 5개를 세탁소에 가져다주었다. 셔츠가 나에게는 일할 때 입는 유니폼과 다를 바가 없다고 생각했기 때문에 돈을 아끼지 말고 관리해야 한다고 생각했다. 밥은 굶어도 와이셔츠는 꼭 드라이를 해서 입었다. 내가 아무리 능력이 출중해도 건물 중개를 한다는 사람이 옷이 다 구겨져 있고, 소매는 시커멓고, 손톱에 때가 껴 있다면 나와 거래할 고객이 얼마나 되겠는가. 옷차림에 대해서는 직원들에게도 꽤 보수적으로 지적하는 편이다. 한번은 직원 하나가 정장을 말끔히 차려입고는 그에 어울리지 않게 화려한 빨간 양말을 신고 있는 것이 아닌가. 또 어떤 직원 역시 정장은 깔끔하게 잘 입어 놓고는 발목 양말을 신어서 앉아 있으면 맨다리가 다 보였다. 나는 참지 못하고 직원들에게 가능하면 검은색 무지 긴 양말을 신으라고 말해주었다.

예전에 직원들 교육을 위해 업체 미팅을 한 적이 있다. 교육 업체를 정하는 날임에도 불구하고 배가 불룩 튀어나온 담당자가 일에 쩔은 표정으로 앉아 있었다.

"자기 관리를 저렇게 하는데도 돈을 잘 벌 수 있을까?" 나태함의 집합체가 배로 표현되어 있는 것만 같았다. 더불어 '저 사람이 내가 원하는 걸 받아들일 수 있을까?' 하는 생각마저 들게 했다.

내가 좋아하는 브라이언 트레이시가 이런 말을 한 적이 있다.

"머리를 기르는 건 자신이 좋아서 기르는 것이고,
그걸 고객이 좋아할지 생각해 보라."

머리카락을 예쁘게 세팅해서 다니는 것과 옷을 깔끔하게 입고 다니는 것은 비단 겉모습만을 상대방에게 어필하려는 것이 아니다. 처음 만나는 상대방에게 나의 내면을 다 보여줄 수 없기 때문에 겉모습으로 나의 태도를 어느 정도 드러내는 효과가 있다고 생각한다. 살이 쪘다면 운동을 해서 몸매도 잘 관리해야 한다. 그런 것이 모두 나만의 경쟁력이 될 수 있다. 내가 격식을 차리면 고객도 나를 대하는 태도가 진지해질 수 있다고 본다. 내가 가볍게 가면 상대방도 가볍게 다가올 수밖에 없는 것이다.

다른 사람과
궤를 달리하라

고객과 사귀어라

나는 크게 두 가지 이유로 고객과 사귀는 것이 중요하다고 직원들에게 강조하는 편이다. 첫 번째는 밖으로 나가서 사람을 만나야 성과가 나오기 때문이다. 나도 요즘 사람을 많이 만나러 다니고 있다. 영업인으로서 가장 고전적인 방법이다. 가만히 앉아서 교육받고 전화를 돌린다고 해서 영업이 되진 않는다. 내가 직원들에게 미팅을 잡아서 사람을 자주 만나라고 하는 이유는 세상에 나라는 사람이 있다는 것을 알리는 효과가 있기 때문이다. 벌써 팀장급만 되어도 게을러져서 사람을 잘 안 만나려고 하는 경향이 강해진다. 특히 남자 직원들은 고객과 밥을 먹고 취미를 같이 한다든지 하는 활동이 매우 중요하다고 생각한다. 단순히 고객을 고객으로 바라보지 말고 형, 동생 하며 격의 없이 지내려고 노력해야 한다. 어느 정도 살갑게 영업을 할 필요가 있는 것이다.

두 번째는 좋은 인사이트를 얻기 위해서라도 고객과 사귀는 것이 필요하기 때문이다. 내가 운영하는 유튜브에서도 강조한 이야기이지만, 월급쟁이들이 부자가 되기 어려운 이유는 직장 내에 매몰되어 자신이 하는 일만 바라보고 월급 받아서 생활하는 데에만 급급하기 때문이다. 즉 환경이 사람을 그렇게 만든다는 의미이다.

빌딩 중개의 경우 건물 거래를 하는 단위가 몇십억에서 몇백억 크게는 몇천억짜리도 있을 수 있다. 처음 시작할 때는 사실 몇백억짜리도 커 보이고 몇천억짜리는 더 크게 보일 수밖에 없다. 그래서 '내 평생 감히 이런 시도를 할 수 있을까?' 이런 생각도 하게 된다. 하지만 그 풀에 한번 들어가서 건물주들을 만나고, 자산가들을 만나다 보면 나도 그런 부분에 대해 저절로 인사이트를 얻게 된다. 또 그분들과 코드가 맞아서 잘 지내다 보면 그들의 인맥이 내 인맥이 될 수도 있다. 어차피 수백억, 수천억 자산가들의 인맥도 다 자산가들일 테니 나에게 해가 될 것이 없다. 환경이 투자 이야기로 채워지면 자연스럽게 나 또한 투자에 관심을 갖게 될 수밖에 없지 않겠는가. "우리 돈을 모아서 투자를 하자" 이렇게 말하는 사람들과 같이 어울리면서 자꾸 그런 생각을 가져야 한다. 보통 월급쟁이들은 친구들과 모여서 술 한잔하며 남들이 잘된 이야기나 하지 자신들이 투자한 이야기는 잘 하지 않는다. 정보 자체가 없기도 하고, 과연 그런 환경에서 투자가 가능할까? 만약 내 주변 상황이 그렇다면 환경을 좀 바꿀 필요성이 있다. 나도 지방에서 살 때는 "아파트를 사야 한다, 학군이 어떻다, 어느 동네가 집값이 오르더라" 이런 이야기들에 전혀 관심이 없었다. 나와 다른 사람들의 이야기라고 생각했다. 나에게 투자는 말도 안 되는 소리였고, 내 돈으로 건물을 산다는 것은 꿈도 꿔 본 적이 없다. 열심히 일해서 월급을 받는 입장에 있다 보니 주어진 월급 안에서만 꿈을 꾸게 되더라.

그런데 "내가 비록 월급쟁이이더라도 월급 외에 추가로 내가 만들 수 있는 수입이 있다면 얼마까지 모아서 건물을 살 수 있겠다"까지 생각이 뻗어나가면 더 이상 막연한 얘기가 아니라 투자자로서의 진입장벽을 낮출 수 있게 된다. 많은 사람이 '얼마 안 되는 이 돈으로는 투자할 수 있는 방식이 없어'라고 생각하지만 많은 사람을 만나 이야기를 나누다 보면 생각보다 정말 다양한 방식이 있다는 것에 놀라게 된다.

예전에 소모임 강의에서 만난 어떤 분의 사례인데, 자신의 친척들은 다 압구정 현대아파트에 살아서 자주 그곳을 방문하다 보니 너무 좋아서 어느 순간 자기도 현대아파트를 사야겠다는 생각을 했다고 한다. 결국은 그분도 대출도 받고 여러 기상천외한(?) 방법을 동원해서 현대아파트를 샀다. 갖고 싶다는 열망이 강하다 보니 이리저리 방법을 찾은 것이다. 이 사례에서 중요한 것도 역시 환경이다.

영화 '주유소 습격 사건'의 실제 촬영지인 분당의 한 주유소는 일명 '신비한 주유소'로 불린다고 한다. 그 이유는 불과 주변에 몇 미터 간격으로 즐비해 있는 주유소들에 고객이 하나도 없는 시각에도 이 주유소만큼은 주유를 하려는 차들로 길게 줄을 서 있기 때문이다. 다른 주유소처럼 경품 공세를 하거나 리터당 기름값이 더 싼 것도 아닌데 왜 이 주유소만 장사가 잘되는 것일까. 그것은 바로 '고객과 사귀어라'라는 이 주유소만의 서비스 모토 덕분이었다고 한다. 이 주유소의 직원들은 매번 보는 고객들과 담소를 나누며 "오늘은 어디를 가는지, 며칠 전에 가득 주유했는데 어딜 다녀왔는지" 등 진정 어린 대화를 주고받는다. 기름값이 오히려 다른 곳보다 더 비싸고, 주유소로 진입하는 길이 복잡한데도 불구하고 같은 계열사의 전국 2500개 지점에서 5년 연속 1등 매출을 기록하고 있다.

나와 내 차량을 알아봐 주는 직원들, 가식적인 친절함이 아닌 마음속에서 우러나는 직원들의 한마디가 고객이 마음의 문을 열고 다가가게 만들어 주는 것이다. 나 역시 우리 직원들에게 바라는 것이 이러한 태도이다. 해당 계약을 따내기 위한 친절이 아니라 진심으로 내 물건을 사고판다는 태도로 고객에게 접근해야 그 고객과 지속적인 관계를 만들어 나갈 수 있기 때문이다.

똑똑하게 주는 사람이
성공한다

'기브 앤 테이크'라는 말이 있다. 이 말의 진정한 의미는 '내가 먼저 줘야 받을 수 있다'라는 것이다. 무조건 내가 주는 것이 선행되어야 한다. 남이 먼저 나에게 베풀기를 바라는 것은 잘못된 생각이다.

나는 15년간 다닌 첫 직장에서 직원들을 위한 교육 프로그램을 회사 최초로 만들었다. 일을 하며 알게 된 노하우를 무슨 보물단지처럼 꽁꽁 숨기고 자신만 알려고 하는 문화가 싫었다. 막상 일해보니 그렇게 대단한 노하우랄 것도 없었다. 특히 달리기에서 선수가 경기 처음부터 끝까지 페이스를 유지해 좋은 기록을 낼 수 있도록 옆에서 돕는 페이스 메이커처럼 모든 직원이 나만큼의 퍼포먼스를 낼 수 있도록 돕고 싶었다. 또 그것이 내가 더 크게 성장하는 길이라고 생각했다. 줄 거면 나이스하게 다 퍼주고, 편 들어 줄 거면 확실하게 밀어주고, 다른 사람의 성과에는 진심으로 축하를 건네기 시작하자 내 앞에서는 다들 무장 해제가 되어 버렸다. 자신이 가진 비밀을 나에게만 알려준다든지, 내 일을 아무런 대가 없이 도와주려는 사람도 생겼다. 내가 먼저 주기 시작하자 많은 사람이 내 주위로 모여들었다. 한번은 전회사에서 나와 가까운 사람들만 모아 회식을 한 적이 있었다. 그때 전직원이 70~80명 정도였는데 그중에 30~40명이 모였다. 그만큼 기하급수적으로 사람이 모여든 것이다. 나는 도와줄 거면 완전히 모든 것을 내려놓고 돕는다. 후배와 애매하게 성과가 엮여 있으면 나는 후배에게 다 가지라고 한다. 나는 이미 많이 벌기도 했고 다른 곳에서 더 열심히 하면 되기 때문이다. 물론 엄청나게 큰돈이라면 나도 포기하지 않을 것이다. '죽어도 이건 내 성과로 만들어야겠다'라는 생각이 들면 나도 쉽게 내려놓지 않는다.

주더라도 똑똑한 기버가 되어야 한다. 노벨 경제학상 수상자인 허버트 사이먼도 "똑똑한 이타주의자는 어리석은 이타주의자보다 덜 이타적일지 모르지만, 그들은 어리석은 이타주의자와 이기주의자보다 더 바람직한 존재다"라고 했다. 성공한 기버와 실패한 기버의 차이가 여기서 생긴다. 왜 어떤 기버는 계속해서 열정을 불태우고, 어떤 기버는 계속 주며 이용만 당하다가 지쳐 떨어지는 것일까. 그들은 자신의 이익을 만드는 데 있어서도 적극적이다. 성공한 기버는 그만큼 자신이 이뤄야 할 것에 대한 야심이 큰 사람들이다.

사실 주는 것에 익숙하지 않았을 때는 '나도 계약서 써야 하는데 누가 누굴 도와. 나한테 득도 없는데 시간 낭비 아닐까?' 하는 생각도 했다. 사람이니까 당연하다. 다른 사람에게 주지 않고 모든 것을 내 성과로 만들고 싶다는 생각을 왜 하지 않았겠는가. 호랑이 새끼를 키운다는 말처럼 내가 알려준 방법들을 이용해 나를 뛰어넘으려는 사람들도 생겨났지만, 그 사람을 질투하는 내 모습이 싫어서 미친 듯이 일에 빠져들었다. 아예 그들이 넘보지 못하는 사람이 되어 버리면 부정적인 마음에서도 자유로워질 것 같았다. 나는 누가 잘되더라도 무조건 축하해 주는 사람이 되고 싶었다. 진정한 기버가 되고 싶었던 것이다. 누군가는 왜 항상 목표에 돈밖에 없냐고 묻는다. 그 이유는 내가 아무리 잘나고 멋진 사람이라 해도 숫자가 없으면 아무도 인정하지 않기 때문이다. 사실 그 숫자가 필요해서 열심히 산 것도 있다. 결과보다 과정이 중요하다고 하지만, 현실은 학생이든 직장인이든 자영업자든 모든 사람이 숫자로 평가받는 시대다. 세상은 우리에게 끊임없이 숫자로서 증명하기를 강요한다. 1등을 한 사람이 최고의 실력을 갖춘 사람이고, 많이 판 사람이 최고의 세일즈맨이 되는 것이다.

안주하는 사람에게 미래는 없다

"빌딩 중개인은 무슨 일을 하나요?"

내가 자주 듣는 질문이다. 무슨 일을 한다고 딱 잘라 말하기는 어렵다. 빌딩 중개인은 생각보다 정말 다양한 일을 담당하기 때문이다. 많은 사람이 아는 것처럼 가장 기본적인 업무는 매물을 찾는 것이다. 팔고자 하는 물건을 확보하고, 구매를 원하는 고객을 찾아 매칭하는 것이 첫 단계다. 매물이 매칭된 후에는 협상을 진행하게 된다. 예를 들어, 고객이 특정 건물을 사고 싶어 하지만 가격이 부담스러울 때, 매도인을 설득해 금액을 조정할 수 있다. 또한, 매도인과 임차인 간의 법률적 관계를 점검하고, 세금에 관한 기본적인 가이드도 제공해야 한다. 마지막 단계로 혹시나 발생할 수 있는 실수를 방지하고 안전하게 계약서를 작성하는 것까지가 일반적인 업무다. 사실 빌딩 거래 시 투자자들이 해야 할 일은 의사결정뿐이다. 투자자가 자금을 준비하면, 계약 후에 은행 대출을 연결해 주고, 다양한 대출 상품을 비교해 주는 일도 중개인의 업무다. 개인이 법인을 통해 건물을 매입하고자 할 때는 법인 설립까지 도와주며, 임대차 관리가 필요하다면 그 부분도 처리해 준다.

이처럼 빌딩 중개인이라고 해서 단순히 매물을 중개하기만 하는 직업이 아니다. 세무와 법무에 대한 지식도 필요하고, 사람들과의 원활한 소통 능력도 중요하다. 특히 임차인 관리는 쉬운 일이 아니다. 임대료 미납이나 그 밖에 법적인 문제가 발생할 경우, 중개인은 고객을 대신해 문제를 해결해야 한다. 따라서 중개인에게는 높은 수준의 전문 지식이 요구되며, 내가 우리 회사에서 교육에 많은 투자를 하는 이유도 여기에 있다.

이 일을 계속하기 위해서는 지속적인 학습이 필수다. 법과 제도는 끊임없이 변화하기 때문에 중개인은 관련 법령에 대해 항상 명확히 알고 있어야 한다. 기본적인 세무 지식이 부족하면 고객이 큰 세금 부담을 떠안을 수 있다. 결론적으로, 빌딩 중개인은 많은 책임을 짊어지고 있는 직업이다. 변호사나 세무사와의 긴밀한 협력이 필요하고, 실수할 경우 큰 문제가 발생할 수 있다. 따라서 이 일을 가볍게 시작해서는 안 된다. 간혹 빌딩 중개인의 화려함만 보고 이 업계에 뛰어들려는 사람들이 우리 회사를 찾아온다. 하지만 일을 시작함과 동시에 철저한 준비와 지속적인 학습이 필요하다는 것을 명심해야 한다.

이처럼 우리 회사에는 다양한 유형의 사람들이 입사의 문을 두드린다. 그중에는 빌딩 중개업에 대해 처음부터 잘 알고 입사하는 경우도 있지만, 나처럼 우연히 이 업계에 들어왔거나 유튜브를 통해 빌딩 중개업을 접한 후 돈을 많이 벌 수 있다는 이야기에 현혹되어 지원하는 사람들도 많다. 하지만 처음 입사 후 한 건의 계약을 성사하기까지 생각보다 꽤 오랜 시간이 걸린다. 그 시간이 6개월이 될지, 1년이 될지는 아무도 알 수 없다. 이 단계에서 자신의 생각과 다르다는 이유로 쉽게 그만두는 사람들도 물론 있다. 빌딩 중개인으로 남지 못하는 사람이 다름 아닌 바로 이런 사람들이다. 일을 시작하고 나서 생각보다 어렵다며 쉽게 그만두는 경우다. 빌딩 중개인으로 살아남는 첫 번째 유형은 어느 정도 끈기가 있는 사람들이다. 이들은 생각했던 것과 달라도 조금 더 해 보자며 긍정적으로 일을 배우고, 결국에는 일이 주는 매력을 느껴서 계속 이 일을 한다. 두 번째 유형은 처음부터 빌딩 중개인을 목표로 자신의 모든 것을 바쳐 일하는 사람들이다. 이런 사람들은 지방에서도 올라와 면접을 보고, 합격하면 바로 서울로 이사까지 와서 혼신의 힘을 다해 일한다. 결국에는 이 두 번째 유형의 사람들이 대부분 좋은 결과를 만들어 낸다.

이 일을 시작할 때, 나는 빌딩 중개라는 업계가 있는지조차 몰랐다. 단지 부동산 일을 하고 싶어서 서울로 상경했고, 다양한 면접을 보던 중 빌딩 중개업을 알게 되었던 것뿐이다. 그러나 일을 하면서 빌딩 중개가 내가 잘할 수 있는 일이라는 확신이 들었고, 실제로 열심히 해서 좋은 성과를 내며 지금에 이르게 되었다.

나를 비롯해 빌딩 중개인으로 성공하는 사람들은 어떤 공통점을 가지고 있을까? 15년이 넘는 시간 동안 다양한 직원들과 함께 일하며 깨달은 것은, 성공적인 결과를 만들어 내는 사람들 사이에 공통적인 특징이 있다는 점이다. 그들은 자신의 일에 집중하고, 명확한 목표가 있으며, 이를 이루기 위해 최선을 다한다. 또한 자신의 경험을 공유하고 다른 사람들과 함께 성장해 나가고 싶어 하는 이타성을 갖고 있다. 나 또한 이런 유형의 사람이며, 이런 유형의 사람을 좋아한다. 이런 사람들이 회사에 많을수록 회사 분위기가 좋아지고, 좋은 결과를 만들어 낼 수 있다.

공인중개사로서 성공하기 위해서는 개인의 능력과 열정도 중요하지만, 팀워크와 주변 사람들과의 관계도 매우 중요한 요소다. 이기적인 태도와 오직 자신의 성과에만 집중하는 사람들은 단기적으로는 좋은 결과를 낼 수 있을지 몰라도, 장기적으로는 함께 일하는 사람들에게 지지를 받지 못해 결국 고립될 가능성이 크다. 이 책을 읽고 빌딩 중개업을 시작해 보고 싶다는 생각이 든 분들이 있다면 이 일을 단순히 돈을 벌기 위한 수단으로만 생각하지 말고, 사람들과의 관계를 소중히 여기며 팀원들과 함께 성장하는 기회로 삼아보길 권한다. 그렇게 한다면 이 일에서 오래도록 성공을 이어갈 수 있을 것이다.

주변에 끊임없이
자신을 알려라

"당신이 무슨 일을 하는지
주변 사람의 90%가 알 수 있도록 떠벌리고 다녀라."

우리 회사에서 2주에 한 번씩 토요일에 총 4회 세일즈 교육을 진행한적이 있다. 거기에서 나왔던 이야기이다. 예를 들어, 우리가 연애를 하고 결혼을 할 때도 서로 그냥 가만히 있다가 결혼하게 되지는 않듯이 나의 감정이나 원하는 바를 상대에게 알려야 행동이 뒤따라오는 것이다.

나는 주변 사람들에게 "저 돈 많이 벌어야 하니까 좀 도와주세요"라고 거리낌 없이 말하고 다닌다. 모임에도 적극적으로 참여해서 명함을 돌리고 문자를 남겨서 저장해 달라고 요청한다. 사람을 많이 만나려는 이유에도 "나 이 사람에게 건물 샀어"라는 소문이 더 많이 퍼져 나갔으면 좋겠다는 바람도 있어서다.

"홍보를 싫어하는 사람은 성공으로 가는 길에 커다란 장애물을 안고 있는 격이다. 판매와 홍보를 부정적으로 생각할 경우 그 사람의 경제 수준은 낮은 상태일 게 분명하다. 당신에 대해 또는 당신이 파는 상품이나 서비스에 대해 알리는 게 싫다면 무슨 수로 사업주나 직원으로서 큰 성과를 올릴 수 있겠는가? 자기 가치를 홍보하지 않으면 당신보다 적극적인 사람이 승진 계단에서 훨씬 앞서 나가게 될 것이다. (중략) 부자들은 대개 홍보 솜씨가 뛰어나다. 자신의 상품, 서비스, 아이디어를 정열적으로 열렬하게 홍보할 자세가 되어 있고 실제로 그렇게 한다. 게다가 자신의 가치를 매력적으로 포장하는 실력도 탁월하다. 『부자 아빠 가난한 아빠』의 저자 로버트 기요사키는 책 쓰는 일을 포함한 모든 비즈니스의 성패는 판매에 달려 있다고 말한다. 자신이 최고로 잘 쓰는 작가가 아니라 최고로 잘 팔리는 작가라고 한다. 줄 중 어느 쪽이 더 많은 돈을 벌게 해

주는지 알 수 있을 것이다."

하브 에커의 『백만장자 시크릿』에 나오는 구절이다. 나는 이 구절을 읽고 무릎을 탁 쳤다. 내가 하고 싶은 말이 그대로 담겨 있어서 크게 공감했다.

나는 되도록 내가 만나는 모든 사람에게 신뢰를 주려 애를 쓴다. 사람 일이라는 것이, 또 사람의 인연이라는 것이 어떻게 연결될지 아무도 모르기 때문이다. 한번은 이런 일이 있었다. 아는 선배를 통해 고객 한 분을 소개받았다. 그 선배도 나와 같은 일을 하는 분이었는데 건물 쪽은 아니라서 나에게 고객을 넘겨준 것이었다. 그런데 이 고객이 젊은 나이에 회사를 만들고 본인의 회사를 외국계 회사에 매각한 전형적인 자수성가의 표본인 분이었다. 처음에는 강남에 살 만한 건물을 찾고 있다기에 200억 원에서 1,000억 원까지의 다양한 물건을 8개 정도 PPT로 만들어서 고객을 만나러 갔다. 그분은 내가 하는 설명을 쭉 듣고는 지도만 보고 마치 재벌이 백화점에서 쇼핑을 하듯 "여기서부터 여기까지 주세요"라고 하는 것이 아닌가. 결국 그 한 고객과만 2,000~3,000억 원의 계약을 체결했다.

내가 일주일에 만나는 고객 수만 해도 7~10명이고 그 사람들이 1명씩만 주변에 나를 소개해 줘도 나는 어마어마한 수의 고객을 만나게 되는 셈이다. 요즘 후배들은 SNS에 자신을 홍보하는 일에 열성이지만 나는 사실 소개만큼 진정한 영업방식은 없다고 생각한다. 자꾸 사람을 만나서 내가 하는 일을 알리고, 신뢰를 주고, 정을 쌓으며 건물 중개가 필요할 때 내게 연락할 수 있게 하는 것만큼 정석적인 방법은 없다. 그래서 사람을 만날 때마다 더욱 믿음을 주는 사람이 되어야겠다는 생각을 많이 하게 된다. 나도 처음에는 고객에게 좀 거만한 태도로 영업을 했었다. 그게 나의 가치를 높이는 일이라고 착각했다. 처음부터 사람의 힘을 깨닫고 인맥 관리를 해왔다면 지금보다 훨씬 더 뛰어난 사람이 되어 있지 않을까 하는 생각도 가끔 든다. 어쨌든 지금은 나에게서 나오는 힘은 사람에게 있다는 것을 잘 이해하게 되었다. 어디 가서 우리 회사의 직원이 80명이라고 하면 다들 나를 대단하게 본다. 결국 사람이 힘이라는 뜻이다.

요즘에는 건물 중개 외에 한 가지 더 중개하고 있는 것이 있다. 바로 사람 중개다. 중매쟁이 역할을 한다는 게 아니라 매일 같이 사업하는 사람들을 만나다 보니 서로 연결해보면 괜찮겠다 싶은 사람들이 눈에 띈다. 그래서 비즈니스적으로 엮이든 아니든 좋은 사람들을 성향에 맞게 소개하는 일을 하고 있다. 그런데 이게 참 재미있다. 그렇게 계속 소개하다 보니 내 세계관이 자꾸만 넓어지는 것 같다는 생각이 들었다. 새로운 분야에 있는 사람들이 서로 연결되어 또다른 새로운 일들을 벌이는 모습을 지켜보는 것이 즐겁다. 사실 이 책을 쓰게 된 것도 어느 연말 모임에 갔다가 출판사 대표님을 알게 되어 추진하게 되었다. 그래서 앞으로도 다양한 사람들을 만나 연결하는 일을 하고 싶다.

당신이 무슨 일을 하든 주변 사람들에게 당신이 하는 일을 적극적으로 알려라. 그것이 당신에게 커다란 힘이 되어 돌아올 것이다.

신뢰를 주는
습관을 만들어라

지금 하는 일을 시작하면서 첫인상의 중요성을 실감하게 되었다.
나는 학창 시절부터 인상이 안 좋다는 이야기를 참 많이 들어왔다. 이
목구비가 뚜렷하고 매일 스포츠머리만 하고 다녔으니 그럴 만도 했
다. 지금은 누구를 만나든 웃으면서 인사한다. 그렇게 하기까지 남몰
래 해왔던 노력이 있었다. 책에서 미소의 중요성에 대해 읽고 나서 웃
는 연습을 하기 시작했다. 그래서 내가 찍은 사진들을 보면 표정이 다
똑같다. 웃는 연습으로 표정이 굳어져서 그렇다. 처음 일할 때는 무
표정이었던 내가 시간이 갈수록 웃는 모습이 자연스러워진 데에는
아침마다 거울을 보고 하는 웃는 연습 덕분이다.

새로운 사람을 만나는 일은 매번 긴장이 되고 참 익숙해지지가 않는다. 또 매일 고객을 만나 비슷한 이야기를 하는 일도 매너리즘에 빠지기 쉬운 일 중에 하나다. 그래서 나는 익숙하게 내가 행동하던 대로 하기보다 바르고 겸손한 태도를 보이기 위해 매일 진심으로 노력하고 있다. 어떠한 고객을 만나든 자신감을 갖기 위해 사전준비도 철저히 하는 편이다.

내가 만나는 고객은 1~3단계까지 나누어 볼 수 있는데, 1단계는 막연히 건물을 사고 싶어 하는 분들이다. 이분들을 만날 때는 직원 교육을 하듯이 하나부터 열까지 설명을 자세히 해드려야 한다. 아직 본인이 가지고 있는 자산을 어디에 어떻게 투자해야 할지 모르는 분들이므로 그만큼 계약까지 가기가 어려운 사람들이다. 1단계 고객의 대부분은 처음 투자를 하는 것이기 때문에 건물 투자에 대한 두려움도 매우 큰 상태이다. 2단계 고객은 자신의 자산 파악이 어느 정도 되어 있고 그 비용으로 어떤 건물에 투자할 수 있는지 대체로 알고 있는 분들이다. 주로 어떤 물건이 좋은지 많은 검토를 하고 있는 단계의 고객이라고 볼 수 있다. 3단계 고객은 주변에 투자로 돈을 번 사람들도 있고 자금도 준비가 되어 있어서 어떤 물건이 좋은지만 제시하면 바로 거래가 가능한 고객이다. 일주일에 고객을 7~10명씩 만나서 대화를 하다 보면 이분이 몇 단계에 계신 분인지 몇 마디만 나눠 봐도 파악이 가능하다. 사실 내 입장에서는 2~3단계 고객분들이 가장 편안하고 1단계는 계약 확률이 낮기 때문에 가장 에너지 소모가 큰 고객이라고 볼 수 있다. 그렇다고 해서 허투루 고객을 대하거나 설명을 대충대충 하지 않는다. 나는 나에 대한 평판이 매우 중요하다고 생각하기 때문이다. 나를 만났던 사람들이 다른 사람에게 나를 소개할 때 "김주환이라는 사람은 좋은 사람이야. 실력이 있어"라는 말을 해 주었으면 좋겠다. 그래서 고객이 어떠한 상황에 계시든 최대한 솔직하고 친절하게 현 상태를 진단해 드리며 신뢰를 주려고 노력한다. 아마 예전 습관대로의 나였다면 지금처럼 많은 고객을 내 편으로 만들지 못했을 것이다.

확실히 자산이 많은 고객을 상대할수록 긴장감의 크기도 비례해서 커진다. 왜냐하면 거래액이 크기 때문에 실수를 했을 때 그 피해 역시 눈덩이처럼 커질 수 있기 때문이다. 내가 많은 자산가들을 만나면서 느꼈던 것 중에 하나는 상대방을 판단할 때 그들은 진정성을 많이 본다는 것이다. 실력이 좋고, 외모가 깔끔한 것도 물론 중요하지만 자수성가하거나 성공한 사람들은 상대방의 태도를 많이 살핀다. '이 사람이 성실한가, 진정성 있게 말을 하는가, 나를 대하는 태도에 거짓은 없는가'를 본다. 내가 20대 어린 나이에 기업 회장님들과의 거래가 많았던 이유도 성실함과 진정성 있는 태도를 보여주었기 때문이다. 그렇게 노력하는 모습이 마음에 들어서라도 어떻게든 나와 거래를 해 보고자 하는 분들이 계셨다. 나는 공부를 많이 한 사람도 아니고 스스로 아직 부족하다는 생각을 했기 때문에 잘 모르는 것에 대해 아는 척하고 어설프게 거짓말을 하기보다 정직하고 올바른 태도를 보여드리는 것이 나의 경쟁력이 될 수 있다고 생각했다.

내가 80여 명의 직원들에게 이야기하는 것 중에 하나도 만나는 고객 하나하나에 최선을 다하라는 것이다. 사람이 주는 힘은 무시할 수 없기 때문이다. 만약 내가 이 일을 하기 시작한 초창기 고객과 관계를 제대로 했다면 나는 아마 지금보다 더 잘된 사람이 되어 있었을 것이다. 내가 직원들에게 고객과 사귀라고 조언하는 이유와도 연결되는 이야기이다. 고객이라는 벽을 깨고 형, 동생이 되어서 만나다 보면 그 사람들이 모두 나의 인맥이 된다. 재충전, 휴식도 좋지만 그러한 게으름을 뿌리치고 누군가를 만나러 갔을 때 나는 항상 "오늘 이 사람을 만나러 나오길 잘했다"는 뿌듯함을 느끼곤 했다.

나도 처음에는 사적으로 술을 마시자는 고객들을 한사코 다 거절했다. 사람이 주는 힘에 대해 간과했을 때였다. 그러나 돌아보면 내가 만났던 분들은 하나같이 다 대단한 분들이었다. 그분들과 좋은 관계를 다져놓았다면 지금보다 훨씬 많은 고객을 소개받았을 테고, 더 많은 사람이 주변에 남아 있었을 것이다. 이제는 누군가 부르면 사정이 없는 한 자꾸 만나려고 한다. 내가 먼저 만나자는 제안을 하기도 한다. 그렇게 자꾸 친해지기 위해 노력하고 있다.

　남는 건 사람밖에 없고 사람은 내게 원동력이 된다. 주변에 좋은 사람을 더 많이 두기 위해 나는 오늘도 좀 더 능력 있고 좋은 사람이 되기 위해 노력하는 중이다.

불편한 고객과 거래하라

빌딩 중개를 의뢰하는 80~90%의 고객은 대부분 예의가 바르고 상대방을 배려하는 정중한 사람들이다. 그들은 왜 그런 태도를 갖게 되었을까 생각해 본 적이 있다. 사람은 자신이 지킬 것이 많아지면 누구를 만나든 상대방에게 실수하지 않으려고 노력한다. 어차피 가진 게 없으면 남이 나를 어떻게 생각하든 별 신경을 쓸 필요가 없고, 관심도 없다. 그러나 사회적으로 성공하거나 돈을 좀 벌게 되면 내 의사와 상관 없이 주변의 평판을 듣게 된다. 그러다 보니 자신의 말과 행동에 대해 돌아보고 인격적으로 성장하는 사람들이 많아진다.

반대로 10~20%의 고객은 무례하거나 현실적이지 않은 거래 기준을 제안하며 상대방을 피곤하게 하는 사람들이다. 내가 아무리 을의 입장이라 하더라도 이런 사람들에게 무조건 고개를 숙이고 원하는 대로 해줄 의무는 없다.

한번은 한 고객이 반말을 하며 그야말로 진상을 부린 적이 있다. 절대 고객과 싸워서는 안 되니 최대한 정중하면서도 단호하게 "저는 지금 이 거래는 진행할 수 없다고 생각합니다. 그리고 사장님이 아니어도 만나야 할 고객분들이 많아요. 계속 같은 주장을 하시면 저는 거래할 수 없으니 다른 중개사를 찾으셔야 할 것 같습니다"라고 말했다. 나도 고객처럼 감정적으로 대화를 하면 내 의도와 다르게 업계에 소문이 날 수도 있고, 안 좋은 평판을 들을 수 있으니 최대한 감정은 자제하고 이 사람과의 실랑이를 빨리 끝내고자 했다. 가끔은 상대방에게 아닌 것은 아니라고 강하게 이야기할 필요는 있다고 생각한다.

나도 매번 고객을 만나는 것이 수월한 것은 아니다. 정말 드물지만, 고객 한 명을 잘못 만나서 꼬투리 잡히면 새벽에도 문자를 받거나 소리 지르고 욕을 하는 등의 괴롭힘을 상황이 종결될 때까지 감내해야 하는 경우도 생긴다. 그런데 요즘에는 내 생각이 많이 바뀌었다. 그런 고객은 어디를 가나 좋은 대접을 받지 못하는데 오히려 그런 고객에게 내가 성심성의껏 정보를 나눠주고 내 편으로 만들면 또 하나의 고객이 생기는 것이 아닐까 하는 생각이 들었다.

그런 고객은 정말 확률상으로 10% 미만에 속한다. 반대로 모두가 불편해하는 고객을 내가 잘 잡으면 그 고객에게 나는 최고의 중개인이 될 수 있는 것이다. 기회가 있을 때마다 직원들에게도 하는 이야기다. 겉으로 말투가 거칠거나 내 마음이 좀 불편해지는 고객일수록 오히려 그분에게 집중을 해볼 필요가 있다는 것이다. 왜냐하면 보통 중개인이 껄끄러워하는 사람들은 정보력이나 이런 부분이 단절돼 있기 때문에 본인에게 최선을 다하는 사람에게 더 고마움을 느낄 수도 있기 때문이다.

사람들이 빌딩 중개를 한다고 하면 보통 몇십억~몇백억짜리처럼 큰 물건들만 중개를 한다고 생각하는데 꼭 그렇지는 않다. 고객의 사정이 어떤가에 따라 적은 금액의 거래도 이뤄진다. 얼마큼의 투자 비용을 가진 고객이냐에 상관 없이 그 고객의 금액에 맞게 최선을 다할 뿐이다. 내가 건물 두 채를 갖게 되고 돈을 좀 벌었을 때는 솔직히 적은 금액으로 투자를 하겠다는 고객들이 찾아오면 무시 아닌 무시를 좀 했었다. 하지만 책도 읽고 나름대로 자아 성찰을 하다 보니 '이것이 내 직업인데 언제부터 내가 사람을 가려 받았나. 어려운 시절 다 잊어버리고 배가 불렀구나. 후배들에게도 좋은 모습이 아니니 고쳐야겠다' 하는 부끄러운 마음이 들어서 그때부터는 거래 금액에 관계없이 나를 찾는 고객들에게 진심으로 최선을 다하고 있다.

이른바 진상 고객을 만나도 이제는 내 직업이니까 감내해야 한다고 생각한다. 직원들 중에는 고객과의 불편을 한번 겪고 나면 멘탈이 털려서 그만두겠다고 하는 경우도 종종 생기는데, 그래서 우리 일은 멘탈 관리가 중요하다. 꼭 진상 고객이 아니어도 사람을 대한다는 사실만으로도 스트레스를 많이 받는 직원들도 있다. 사실 처음만 대처하는 것이 어렵지 고객을 만나 여러 상황들을 겪다 보면 충분히 대응이 가능하다. 어떤 일을 하든, 어떤 업계에 종사하든 힘든 상황이나 다루기 어려운 고객은 어디에나 있기 마련이다. 그것을 거절할지, 지혜롭게 받아들이고 내 능력을 키워갈지는 나의 선택이다. 가능하다면 멘탈 관리를 현명하게 해서 그런 고객까지도 내 편으로 이끌 수 있는 능력을 키워나갔으면 좋겠다는 생각이 든다. 부정적인 상황에서 늘 반전적인 생각을 하는 것은 인생을 살면서 큰 도움이 되기 때문이다.

워라밸을 버려라

테슬라의 CEO이자 이 시대 최고의 혁신가인 일론 머스크는 어린 나이에 페이팔을 창업해 억만장자가 되었고, 그 후 스페이스X와 테슬라를 창업해 이른바 세계 1위 부자가 되었다. 그의 재산은 대략 470조 원에 달한다고 한다. 그가 세계 최고의 부자가 될 수 있었던 이유는 무엇일까?

한때 워라밸Work and Life Balance이라는 말이 유행처럼 번지면서 직장에서 칼퇴하고 휴일에는 무조건 자신만의 시간을 가져야 한다는 통념이 지배적인 때가 있었다. 지금은 또 좀 시들해진 단어이지만, 나는 이 워라밸이라는 단어가 참 싫었다. 말로는 큰 성공을 바라고, 억대 연봉을 벌 거라고 하지만 워라밸은 악착같이 지키는 직원들이 많았기 때문이다. 성공은 공짜로 주어지지 않는다.

일론 머스크는 주 100시간 이상을 일하는 일벌레로 유명하다. 일어나서 잠을 잘 때까지 계속 일을 한다는 그가 세계 최고의 부자가 된 것은 어쩌면 당연한 일일지도 모른다. 그가 그렇게 일에 미쳐 있는 이유는 뭘까? 바로 인류를 화성으로 이주시키겠다는 원대한 꿈이 있기 때문이다. 일반인으로서는 상상도 할 수 없는 꿈의 크기다. 그는 오로지 화성 프로젝트를 성공시키기 위해 돈을 벌고 있으며 각종 구설수에도 불구하고 크게 신경 쓰지 않는 모습의 대인배다. 머스크가 한 인터뷰에서 "그 정도 벌었으면 이제 한적한 섬에서 맥주나 마시며 보내도 되지 않냐"는 질문에 "그렇게 살면 얼마나 지루할지 상상조차 할 수가 없네요. 저는 뭐든 몰두할 일이 필요해요. 그런 삶은 내게 고문이나 마찬가지예요"라고 답했다. 워라밸이라는 단어 속에는 일을 마지못해 한다는 의미가 포함되어 있다. 하지만 일론 머스크는 진심으로 일을 좋아하는 것 같다. 그는 일에 몰입하면서 자신의 행복을 찾고 인류를 위한 일을 해냈을 때 엄청난 성취감을 느끼는 듯하다. 어불성설일 수 있지만, 워라밸을 하려면 일단 먼저 워라밸을 버려야 한다. 워라밸을 철저히 지켜서는 고만고만한 인생을 살아갈 수 있을 뿐이다. 이루고 싶은 꿈이 있고, 진정으로 인생에서 워라밸이 목표라면 일정 기간 동안은 어느 정도 워라밸을 포기하고 살아야 한다. 나도 15년을 열심히 일하고 나서 '이제는 워라밸을 실천해도 되지 않을까?' 하는 생각을 했었다. 하지만 일론 머스크처럼 나도 일을 참 좋아하는 사람이라는 걸 알고 더 일을 하자고 결정했던 것이다. 물론 워라밸을 비난하는 것은 아니다. 워라밸은 인생에서 중요하다. 다만, 워라밸을 철저히 지키면서 성공을 바라는 것은 있을 수 없는 일이라는 것이다.

90만 원으로 사업을 시작해 5,000억 원의 회사를 키워낸 댄 페냐는 이런 조언을 했다.

"전 워라밸이 없어요. 잭 웰치는 역사상 가장 위대한 CEO로 불리는데 그가 말하길 '워라밸'은 없다고 합니다. 일과 도전만이 있다고 말이지요. 우리는 결정하고 그대로 사는 것이죠. 일론 머스크가 워라밸이 있다고 생각하시나요? 전혀요. 스티브 잡스는 있었을까요? 전혀요. 빌 게이츠, 핸리 포드 둘 다 없었습니다. 세계적인 부자들은 아무도 워라밸을 안 하는데 당신은 하겠다고요? 왜요? 그럴만한 가치가 있다고요? 전혀 그렇게 생각 안 하는데요. 당신이 열심히 일한 것만큼 가치가 있습니다."

특히 나이가 어린 20대라면 특히 워라밸을 버리고 일에 몰두해야 한다. 일이 없다면 적어도 자신이 무엇을 좋아하는지를 찾는 일에라도 몰두해야 한다. 나는 30대부터 일을 시작해도 늦지 않다고 생각한다. 우리 회사에도 20대 동안 여기저기 전전하다가 30대 초반이 되어서야 빌딩 중개를 해보겠다고 입사하는 직원들이 많이 있다. 그러니 20대에는 치열하게 자신이 앞으로 무슨 일을 하며 살아갈 것인지, 무슨 일을 해야 내가 행복할지를 생각해 보았으면 좋겠다.

인생의 절반 이상의 시간을 일을 하며 보내는데 마지못해 하는 것만큼 불행한 삶은 없을 것이다. 2016년 갤럽포의 조사에 따르면 지구상의 87%가 자신이 하는 일을 싫어한다고 한다. 그들은 그냥 시간을 때우면서 은퇴만을 기다리는 것과 같다. 지금 하는 일을 즐기면서 할 것인지 아니면 은퇴의 시간만을 바라보며 지금의 일을 고통스럽게 할 것인지는 오로지 자기 자신에게 달려 있다는 것을 잊지 말자.

매너리즘을
경계하라

매너리즘과 슬럼프를 극복하는 법

일을 하다 보면 누구나 한 번쯤 매너리즘을 겪게 된다. 매너리즘은 목표를 달성한 후 찾아오는 불안감과 공허함으로, 마치 모든 것이 정체된 것 같은 느낌을 준다. 내가 처음 매너리즘을 느낀 것은 이전에 다니던 회사에서 매출 1등을 차지했을 때다. 그때는 성취감도 잠시, 다음에 무엇을 해야 할지 모르겠다는 막막함과 함께, 목표가 사라졌다는 불안감에 휩싸였다. 처음에는 1등을 5번 더 해보자는 결심을 했다. 새로운 기록을 세우겠다는 목표가 생기니 다시 힘이 솟았다. 하지만 그 목표를 달성하니 다시 매너리즘이 찾아왔다. 그래서 이번에는 강남에 건물을 사야겠다고 다짐했다. 그 건물을 구매하고 대출을 갚는 과정을 새로운 목표로 설정했던 것이다. 부동산 투자는 내게 새로운 도전이었고, 대출을 갚아야 한다는 현실적인 책임감이 더해지자 다시 한번 힘을 낼 수 있었다. 하지만 강남에 건물을 사고 난 후에 매너리즘은 또다시 찾아왔다. 목표를 달성했을 때의 성취감은 잠깐이었고, 그 후엔 다시 공허함이 밀려왔다. 그때 나는 알았다. 매너리즘은 목표를 달성한 후 자연스럽게 찾아오는 감정이라는 것을 말이다. 그리고 피할 수 없는 과정임을 그냥 받아들이기로 했다.

이제 나는 매너리즘을 단순한 정체 상태로 보지 않는다. 그것은 오히려 내가 도태되지 않기 위해 앞으로 무엇을 해야 할지 고민하는 기회라고 생각한다. 그 과정에서 나는 의도적으로 새로운 도전과 목표를 설정할 수 있으며, 그렇게 하면 놀랍게도 초인적인 힘을 발휘할 수 있다. 매너리즘은 나를 주저앉게 하는 걸림돌이 아니라, 오히려 더 큰 도전을 준비하게 하는 발판이 된 것이다.

나는 주로 사람들과의 대화에서 해결책을 찾는 편이다. 주변 사람들에게 내 불안과 공허함을 털어놓고 그들로부터 조언을 구하면 나도 다시금 목표를 세우게 된다. 내가 만난 많은 사람도 비슷한 고민을 했던 경험이 있기에, 그들의 솔루션은 항상 큰 도움이 되었다. 최근에 만난 한 고객도 과거의 나와 비슷한 고민을 하고 있었다. 나는 그에게 이렇게 조언했다.

"그 불안감은 당신이 잘해 나가고 있다는 증거입니다.
너무 걱정하지 말고, 변화를 추구하며 새로운 목표를 세워보세요."

그는 내 조언을 듣고 다시 시작할 용기를 얻었다고 한다.

매너리즘은 누구에게나 찾아올 수 있다. 중요한 것은, 이를 어떻게 극복하느냐다. 나는 매너리즘이 올 때마다 이를 성장의 기회로 삼아 새로운 목표를 설정하고, 한 걸음 더 나아갈 수 있도록 나 자신을 재정비해 왔다. 그렇게 매너리즘을 극복할 때마다 나는 더 강해지고, 더욱 단단한 사람이 되어 살아갈 수 있었다. 매너리즘은 내게 한계를 묻는다. 그리고 나는 그 질문에 더 높은 목표와 도전으로 대답한다.

매너리즘과 함께 특히 영업을 하는 사람에게 가장 큰 적 중 하나는 바로 슬럼프다. 슬럼프는 멘탈이 흔들리고, 동기부여가 사라질 때 겪게 된다. 나 역시 가끔 슬럼프에 빠지곤 한다. 하지만 영업인은 일한 만큼 벌어들이는 직업이기에, 슬럼프가 오면 빨리 그 상태에서 벗어나는 것이 중요하다. 슬럼프를 얼마나 짧게 끝내느냐에 따라 그 시기의 결과가 크게 달라지기 때문이다.

슬럼프가 찾아오면, 나는 소소한 것에서부터 변화를 주고자 한다. 예를 들어, 미용실에 가서 머리를 단정하게 정리하거나, 운동을 하거나, 정장을 새로 맞추는 등의 작은 변화를 시도하는 것이다. 깔끔하게 정돈된 머리와 새로 맞춘 정장을 입고 출근하면 그날 일이 잘될 것 같은 기분을 느낀다. 이런 작은 변화들이 슬럼프에서 벗어나는 첫걸음이 된다. 그러나 이런 방법으로도 슬럼프에서 벗어나지 못할 때는 억지로라도 고객과의 미팅을 잡는다. 슬럼프에 빠지면 누구도 만나고 싶지 않지만, 미리 고객과의 약속을 잡아두면 어쨌든 그 약속을 지켜야 하니까 일을 할 수밖에 없다. 특히 월요병처럼 일이 가장 하기 싫은 날이 다가오면, 금요일에 미리 월요일 미팅을 잡아두기도 한다. 하지만 문제는 슬럼프가 반복된다는 것이다. 이 반복되는 슬럼프를 극복하려면, 기존의 방식과 다른 새로운 방식이나 환경을 만들어야 한다. 자기 자신에게 변화를 주고 발버둥을 쳐야 슬럼프를 짧게 겪고 지나갈 수 있다.

매너리즘과 슬럼프는 피해 갈 수 없는 숙명이다. 하지만 몰입해서 일하려 노력하고, 슬럼프를 짧게 가져가려는 노력을 꾸준히 하다 보면 자신만의 노하우가 생길 것이다. 하루하루를 견디며 치열하게 살아가는 모든 이들에게 전하고 싶다. 슬럼프는 지나가는 구름과 같고, 구름이 걷히면 다시 맑은 하늘이 드러나듯, 슬럼프를 극복한 후에는 더욱 선명한 길이 열릴 것이다. 그러니 그 짧은 어둠 속에서도, 끝을 향해 한 걸음씩 나아가기를 바란다.

모든 것을 바꾸는
긍정의 힘

나는 중독 수준으로 자기계발서를 읽는 편이다. 책 읽는 습관은 군대에서부터 들였는데 많이 읽다 보니 스토리만 다를 뿐 원칙은 다 비슷하다는 생각이 들었다. 자기계발서를 읽는 이유는 주변에 이렇다 할 멘토가 없어서다. 인생에서 어떠한 문제로 고민이 될 때, 내 생각이 다 옳다는 자만에 빠질 때, 어떻게 행동해야 할지 잘 모를 때 책에서 많은 도움을 받았다. 어떻게 보면 자기계발서가 내 인생의 매뉴얼이 되었다고 해도 과언이 아니다. 부자들은 항상 책을 읽는다는 말에는 동의하지 않지만, 책에는 많은 진리가 담겨 있다는 생각은 늘 하고 있다.

내가 책을 읽고 가장 처음으로 했던 행동은 긍정적으로 생각하는 것이었다. 삶에서 '긍정'이라는 태도가 얼마나 중요한지 깨달을 수 있었다. 낙천적인 것은 매 상황에서 마냥 좋은 거라면 긍정적인 것은 내 현실을 알고 있으면서 뭔가를 깨나가려고 하는 힘이다. 그래서 긍정이라는 것이 매우 중요하다는 생각을 하게 되었다.

전 직장에서 입사 초기에 첫 계약을 성사시켰을 때가 기억난다. 열심히 노력한 끝에 얻은 결과였지만, 회사 분위기는 예상과 전혀 달랐다. 사무실 공기는 차갑게 가라앉았고, 누구 하나 축하한다는 말을 건네지 않았다. 처음에는 그저 동료들이 시기 질투해서 그런 것이라고 생각했다. 하지만 시간이 지나면서 나는 회사 문화 자체에 문제가 있다는 것을 알게 되었다. 누군가 계약을 성사시켜도, 축하의 말 한마디 건네지 않는 냉담한 분위기가 만연했던 것이다.

> "만약 계약을 성사시켰을 때 축하와 긍정적인 에너지가 넘치는 문화라면, 회사는 어떻게 변할까?"

나는 후배들이 계약을 성사시킬 때마다 혼자서라도 축하의 인사를 건네고 박수를 쳤다. 처음에는 내가 미친 사람처럼 보였을지도 모르지만, 시간이 지나면서 후배들이 나에게 모이기 시작했다. 긍정적인 에너지가 사람들을 끌어들인 것이다. 사람들은 부정적인 에너지보다는 긍정적인 에너지를 본능적으로 좋아한다. 내가 주변 사람들에게 긍정적인 에너지를 퍼뜨리자, 회사 분위기는 조금씩 변화하기 시작했다. 마치 불이 뜨거워서 피하는 것처럼, 똥이 더러워서 피하는 것처럼 뭔가 부정적인 에너지를 풍기는 사람과 가까이하고 싶지 않은 게 기본적인 사람의 본성이다. 반면 항상 긍정적으로 말하고 행동하는 사람은 본능적으로 가까워지고 싶은 습성이 있다.

우리가 속한 집단의 분위기나 문화가 나의 성향과 맞지 않는다면, 그것을 바꿀 수 있는 사람은 바로 나 자신뿐이다. 물론 이러한 변화를 만드는 데까지 시간이 걸리겠지만, 꾸준히 긍정적인 에너지로 밀어붙이다 보면 변화는 일어나기 마련이다. 주변부터 천천히 바꾸기 시작해서 결국 내가 원하는 회사나 집단으로 탈바꿈할 수 있다. 작은 행동과 말 한 마디는 누군가에게 영향을 주고, 그 영향이 또 다른 사람들에게 전해지는 변화의 연쇄반응을 만든다. 시간이 좀 걸리더라도 꾸준히 밀어붙이다 보면 사람들의 편견이나 회사의 문화도 많이 바뀔 수 있다.

지금의 회사는 성과를 공유할 때마다 자연스럽게 서로를 축하하고 기쁨을 함께 나눈다. 이로 인해 긍정적인 에너지가 회사 전체에 퍼지면서, 모두가 더 열심히 일하고 서로에게 자극을 주는 선순환이 형성

되었다. 회사나 집단의 문화는 고정되어 있지 않다. 원하는 방향으로 그것을 이끌 수 있는 힘은, 바로 우리 자신에게 있다.

긍정의 에너지는 강력한 변화의 원동력이다. 이를 믿고 꾸준히 실천한다면, 어느 순간 변화의 중심에 서 있는 나를 발견할 수 있다. 한때 마치 부적처럼 『시크릿』이라는 책을 가지고 다닌 적이 있는데 그때 출퇴근하는 버스 안에서 여러 가지 상상을 했다. 만약 오늘 건물주와 미팅이 잡혀 있다면 서로 계약서에 사인을 하고 도장을 찍고 문서를 복사하는 등의 구체적인 상상을 하며 이미 이루어진 것처럼 행동했다. 회사에서 매출로 1등을 해서 동료들로부터 축하를 받는 상상, 외제 차에서 내려 담배를 한 대 피우는 상상 등 그때는 시크릿이 실제한다고 믿었다. 물론 지금도 마찬가지다. 그래서 직원들에게도 목표를 잡으라고 하는 것이다. 일을 열심히 하는 것보다 더 중요한 것은 구체적으로 원하는 것을 이룰 수 있다고 믿는 긍정의 힘이다.

또 한 가지 내가 직원들에게 강조하는 긍정적인 습관 중 하나는 '빠르게 실패하는 것'이다. 특히 입사한 지 얼마 안 된 직원들은 처음에 건물주를 만나려 하면 혹여나 실수를 할까 봐 주눅이 들거나 겁을 먹는다. 그래서 미팅 잡는 것을 망설이고, 경력자에게 동행해 달라고 부탁하기도 한다. 하지만 나는 '매도 빨리 맞는 게 낫다'고 그냥 가서 빨리 두드려 맞자'라고 생각했다. 이렇게 했을 때 좋은 점은 내가 한 실수에 대해 절대 잊어버리지 않는다는 것이다. 고객 앞에서 낯 뜨거운 순간을 또 맞지 않으려면 철저하게 공부하고 다시는 실수를 반복하지 않으려고 정신을 바짝 차리게 된다. 누군가와 동행해서는 절대 얻을 수 없는 교훈이다. 스스로를 어딘가 기댈 수 없게 만드는 전략은 독립심을 길러주는 가장 좋은 방법이다. 그러나 이 방식이 모든 사람에게 긍정적인 영향을 주는 것은 아니다. 성향에 따라서는 더 빠르게 이 업계에서 떠나는 계기가 되기도 한다. 요즘은 SNS나 유튜브 때문에라도 타인과의 비교가 참 쉬운 세상이다. 즉 박탈감을 너무나 쉽게 느끼는 시대가 되었다. 남들은 뭘 샀는데 2배가 올랐네, 3배가 올랐네 하는 말을 들으면 아무리 돈을 벌어도 따라잡을 수 없을 것 같다는 생각이 들어 지레 포기하고 마는 세상이다. 하지만 나는 어느 시대에나 기회는 있다고 생각한다. 내가 처음에 빌딩 중개업을 시작했을 때만 해도 나 역시 이미 부동산 가격이 많이 올라가 있다고 생각했다. 그런데 시간이 지나고 보니 꼭 그렇지는 않다는 걸 알 수 있었다. 분명히 길이 있고, 대한민국의 모든 사람이 꼭 건물주가 되어야만 행복한 것은 아니다. 자신의 그릇 안에서 행복해질 수 있는 기회를 찾고 너무 쉽게 포기하지 않는 인생을 살았으면 좋겠다. 자신이 하고 싶은 것을 별다른 고민 없이 할 수 있을 정도만 되어도 나는 충분히 성공한 삶이라고 생각한다.

가만히 돌아보면 뭔가가 잘 풀리지 않고 안 될 때마다 책에서 길을 찾아 나갔던 것 같다. 그래서 지금 이 책을 쓰는 이유도 한두 명이라도 내 이야기를 통해 힘과 용기를 얻길 바라는 마음 때문이다. 내가 그래왔던 것처럼 말이다.

1~2년은
미친 듯이 빠져들어라

우리 일은 처음 시작할 때는 박봉에 가깝다. 그러나 일을 잘해서 팀
장이 되고, 회사와 파트너십을 맺게 되면, 잘하는 사람들은 1년에 몇
억씩의 수익을 올리기도 한다. 많은 사람이 이 일에 도전하는 이유는
대부분 많은 돈을 벌고 싶어서다. 과거에 하던 일을 포기하고 이 업계
에 뛰어드는 사람들도 많다. 만약 능력이 올라 적은 시간만 일해도 충
분한 수익을 낼 수 있다면, 그렇게 하는 것도 물론 가능하다. 그것이
이 일의 장점 중 하나다. 하지만 그건 나중에 일이 숙달되고 나서야
가능한 이야기다. 아직 이 일에 대해 잘 모르는 사람들은 종종 남들과
같은 정보만 가지고 경쟁하려 한다. 우리 일은 단순히 정보만으로는

승부를 볼 수 없다. 같은 물건을 가지고도, 그 물건의 장점을 어떻게 표현하고 끄집어내느냐에 따라 그 결과가 달라지기 때문에, 성공하고 싶다면 남들보다 더 많이 노력해야 한다.

안타깝게도, 때로 다른 사람에 의해 좋지 않은 영향을 받거나 스스로 매너리즘에 빠져 일을 포기하는 경우를 보게 된다. 그래서 나는 직원들에게 항상 이렇게 말한다. "이 일이 적성에 안 맞으면 관둬도 됩니다. 하지만 외부적인 요인이 아니라 내면의 작은 문제로 인해 포기하지는 마세요. 적성에 안 맞아서 도저히 못 하겠으면 어쩔 수 없는 겁니다. 하지만… 그게 아니라면, 적어도 1~2년은 미친 듯이 일해보고 나서 포기해도 늦지 않습니다"라고 말이다.

『1년만 미쳐라』라는 책을 쓴 강상구 작가도 책 속에서 이렇게 말했다.

"환경 탓이라는 구차한 변명은 하지 말자. 성공하지 못할 것이라고 지레짐작하지도 말자. 부정은 더 큰 부정을 낳고 긍정은 더 큰 긍정을 낳는 법이다. 변명하고, 포기할까 말까 고민할 시간에 차라리 일을 시작하고 그 일에 미쳐라. 당신이 머뭇거리는 동안에도 기회는 뒤꽁무니를 빼고 달아난다. 열심히 뛰어도 짧은 삶, 환경 탓만 하면서 제자리걸음을 하고 있기에는

시간이 너무 아깝지 않은가."

내가 하고 싶은 말 그대로다. 어쩌면 너무나도 뻔한 이야기일지 모른다. 누구나 알고 있고, 쉽게 할 수 있는 그런 말일 수도 있다. 하지만 이 이야기를 실천하는 것은 전혀 다른 문제다. 만약 작심삼일이라면, 삼 일에 한 번씩이라도 다시 결심을 해 보자. 이를 위해 이 책을 다시 읽어도 좋고, 다른 책이나 영상을 찾아보는 것도 좋다. 중요한 것은 자신에게 계속해서 긍정적인 자극을 주며, 성공할 수 있다는 확신을 스스로에게 심어주는 것이다.

나는 여러분에게 권하고 싶다. 단 1년만 미친 듯이 일에 몰두해 보기를. 그렇게 한다면 당신이 어떤 일을 하든 지금 어떤 위치에 있든 분명 1년 후에는 많은 것이 달라져 있을 테니까. 그러나 이렇게 미친 듯이 몰두하는 1년을 보내기로 결심한다면, 마음의 준비를 해야 할 것이다. 성공하기 위한 길은 결코 평탄하지 않으며, 그 과정에서 수많은 어려움을 마주하게 될지도 모른다. 이때 가장 중요한 것은 흔들리지 않는 마음과 자신에 대한 믿음이다. 실패는 불가피하며, 좌절 역시 과정의 일부일 뿐이라는 사실을 기억해야 한다.

나는 직원들을 모아 두고 똑같이 말한다.

"여기서 어영부영 딱 남들만큼 일하고 눈치껏 시키는 일만 하다 보면 금방 1~2년이 지나간다. 그렇게 하다 보면 진짜 죽도 밥도 안 된다. 어쨌든 이 일을 하기 위해 여기서 시간을 보내기로 했다면 농도 있게 시간을 쓰기를 바란다. 남들이 미쳤다고 생각할 만큼 열심히 해야 한다. 고객을 만나서 많은 이야기를 들어야 한다. 아까운 시간 낭비하지 말고 딱 1년만 미친 듯이 한번 일을 해보라. 그 후에 계속 할 수 있는 일인지 아닌지 판단해도 늦지 않다."

하루하루의 작은 노력이 우리를 성공으로 이끈다. 성공은 운이 아니라, 그 노력을 지속해 나갈 수 있는 의지의 힘임을 잊지 않기를 바란다.

견디고 극복하고 넘어서라

내가 17년 동안 빌딩 중개업에 종사하며 느끼는 것은 여전히 이 일이 참 힘들고 어렵다는 점이다. 누군가는 벌써 20년 가까이 해 왔으니 이제는 하고 싶은 거 하면서 여유롭게 살아도 되지 않느냐고 말한다. 하지만 15년을 다닌 회사를 퇴사하고 고민 끝에 빌딩온이라는 빌딩중개회사를 창업한 이유는 힘들지만 참 매력적인 직업이기 때문이다. 나뿐만 아니라 많은 후배들이 그 즐거움과 기쁨을 함께 누리기를 바랐다. 그래서 회사를 세웠다.

회사를 세우고 나니 그전에는 나 혼자만의 성과만 생각하면 되었지만, 이제는 회사 전체의 성과를 생각해야 했다. 나 혼자만 잘하면 되던 때에서 모두가 잘할 수 있게 돕는 일은 전혀 다른 일이었다. 회사를 차리고 나니 '그동안 내가 참 우물 안 개구리였구나' 하는 것을 다시 한번 느낀다. 개인적인 성과만 바라보던 시절에는 자산쪽으로의 성장이 있었다면 지금은 자산보다는 사회적인 성장이 필요하다는 생각도 든다. 회사가 성장하기 위해서는 구성원 각자가 성장해야 하는 것이 전제되어야 하기에 가끔 직원들에게 쓴소리를 해야 하는 입장이 될 때가 생기는데, 그때마다 눈치도 많이 보게 된다. 자기관리에만 신경 쓰던 때에서 '사업이란 무엇인가?'를 고민해야 할 때가 많아 솔직히 벽을 느끼는 요즘이다.

인생이라는 길이 무조건 직진만 있는 것은 아니듯이 그동안 나도 중간에 이탈하고 싶은 마음, 게을러지고 싶은 마음, 이제 그만 해도 되지 않을까 하는 약한 마음이 든 적도 있다. 하지만 그때마다 다시 돌아오려는 본능이 더 강하게 작용했고, 결국에는 잘될 거라는 확신도 있었다. 사실 원래부터 걱정하고 고민하는 스타일은 아니다. 무슨 문제가 생겨도 '이런 문제가 생겼네' 하고 해결 방법을 찾는 게 내가 사는 방식이다. 그냥 견디고 극복하고 넘어서면 되는 일이라고 여긴다. 그래서 지금도 사업이라는 새로운 일에 대해 막연히 걱정하고 불안해하기보다는 언제나 그래왔듯이 이 시간을 부딪혀 견디고 극복하고 넘어서려 하고 있다.

매일 아침 '내가 무너지면 다 무너진다'라는 마음으로 회사에 출근한다. 가끔은 아침에 늦게 일어나서 회사에 가고 싶은 마음도 들지만, 그때마다 '내가 안 나가면 안 돼'라는 마음이 든다. 가끔 일이 있어서 집에서 쉬는 날이면 마냥 마음이 편하지만은 않다. 막상 회사에 나오기 전까지는 힘들어해도 나오고 나면 살아있다는 느낌에 기분이 좋아진다. 회사 대표라고 해서 일에 여유가 있는 것도 아니다. 요즘에도 나는 직장인일 때처럼 일주일에 7~10차례의 미팅을 갖고, 작년 매출 순위로 봐도 내가 회사에서 1등이었다. 극심한 경쟁사회에서 내가 혹여나 잘못되기라도 하면 알게 모르게 좋아할 사람도 많기 때문에 언제나 증명해 보여야 하는 입장에 놓이다 보니 더 간절함이 생기는 요즘이다.

우리 업계에서의 성공은 온전히 자신의 태도와 노력에 달려 있다고 해도 과언이 아니다. 그래서 적극성과 자기 인정의 태도가 참 중요하다. 적극적인 사람들은 어떤 일을 해야 할 때 주저하지 않고 곧바로 행동으로 옮긴다. 이런 적극성이야말로 실력의 차이를 만들어 내는 큰 요소다. 예를 들어, 좋은 건물을 발견했을 때 어떤 사람은 매도인의 연락처만 적어두고 나중을 기약하지만, 적극적인 사람은 그 자리에서 바로 전화를 걸어 행동에 나선다. 후자가 바로 적극적인 태도를 가진 사람이며, 당연히 이런 사람들이 더 큰 성과를 내는 경우가 많다. 또한, 자기 자신의 부족함을 인정하고 이 일에 모든 것을 걸겠다는 강한 마음가짐을 가진 사람들이 성공할 가능성이 크다. 이들은 언제나 자신의 부족함을 개선하고 스스로를 변화시킬 준비가 되어 있기에 어떤 상황에서도 유연하게 대처할 수 있다.

일의 특성상 거래하는 고객들이 대부분 자산가들이라서 평생 만나기 어려운 성공한 분들과의 대화를 통해 그들의 경험과 노하우를 직접 듣게 되는 경우도 흔한데, 이와 같은 만남은 거래 관계를 넘어 개인의 성장과 발전에도 큰 도움이 된다. 이들은 그저 돈을 많이 번 사람들일 뿐만 아니라, 때로 독특한 사고방식과 접근법을 통해 성공을 이룬 사람들이기 때문에 그들의 이야기를 들으며 나 또한 새로운 시각을 갖게 되는 것이다.

빌딩 중개인은 수십억에서 수백억에 이르는 건물들을 중개하기 때문에 만약 100억 원짜리 건물을 계약하게 되면 법정수수료 0.9%만으로도 수천만 원의 수익을 만들 수 있다. 이것이 우리 일의 가장 큰 장점이다. 1년에 10건만 성사시켜도 억대의 수익을 올릴 수 있다. 하지만 같은 회사에서 빌딩 중개를 하더라도 실력에 따라 소득 수준은 크게 차이가 난다. 상위 5%는 10억 이상을 벌고, 중간은 4~5억 정도를 번다. 그러나 하위 그룹은 1억이 아니라, 아예 0원이 될 수도 있다. 이 일은 기본 급여가 없는 직업이기 때문에 결과를 만들지 못하면 수입이 아예 없을 수도 있는 것이다. 기본 급여가 없는 만큼, 모든 것이 자신의 능력과 노력에 달려 있다. 아무리 노력해도 성과를 내지 못한다면 수입은커녕 생활비조차 감당하기 어려워진다. 이와 같은 불안정성은 우리 업계의 커다란 단점 중 하나이며, 누구나 성공할 수 있는 길이 아니기에 결코 이 일을 가볍게 생각해서는 안 된다.

그럼에도 불구하고 나는 이 일을 평생 하게 될 것 같다. 이 일만큼 나이와 관계없이 오랫동안 할 수 있는 일은 없는 것 같다. 평생직장이라는 개념이 희미해진 요즘 빌딩 중개업은 마음만 먹으면 나이가 들어서도 계속할 수 있는 직업이다. 오히려 경험과 지식이 쌓일수록 더 큰 가치를 발휘할 수 있다는 점에서 매력적인 일이다. 경험이 많을수록 시장의 흐름을 더 잘 읽고, 고객의 니즈를 깊이 이해할 수 있으며, 복잡한 거래를 원활하게 이끌어갈 수 있다. 나이가 들수록 축적된 인맥과 신뢰는 더욱 강력한 자산이 된다.

처음에는 열정적으로 일을 시작하지만, 6개월에서 1년이 지나면 그 열정이 식어가고, 그저 출퇴근 시간만 지키며 일하게 되는 경우를 종종 본다. 이 일의 장점은 자기가 한 만큼 돈을 벌 수 있다는 것인데, 안타깝게도 대부분의 경우 시간이 지남에 따라 초심을 잃고 열정을 유지하지 못한다. 물론 열심히 일하는 사람들도 있지만 내가 봐온 바로 그런 사람은 그리 많지 않았다.

빌딩 중개업은 정말 매력적인 일이다. 하지만 이 일을 고민하고 있다면, 반드시 각오를 다지고 도전하기를 바란다. 이 업계에서 성공하기 위해서는 매일 벼랑 끝에 서 있다는 절박한 심정으로 임해야만 한다. 쉽게 얻어지는 성공은 없다. 진정한 각오와 노력만이 당신을 빛나게 할 것이다.

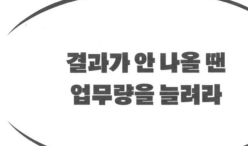

결과가 안 나올 땐
업무량을 늘려라

나는 성과가 잘 나오지 않을 때마다 아침에 30분씩 시간을 당겨 출근했다. 30분 늘어난 아침 시간에 고객에게 전화를 하거나 매물을 알아보고 PPT로 만들어 팀장들의 자리에 올려놓곤 했다. 신입 시절에는 매수 고객이 없다 보니 매수 고객이 있는 팀장들에게 물건에 대한 브리핑을 한 것이다. 이 작업을 계속 반복하다 보니 2년 반 만에 8개의 계약을 체결해 팀장 자리에 올라갈 수 있었다. 그 시절을 떠올려 보면 다른 사람들이 기피하는 일은 무엇이든 다 찾아서 했던 것 같다. 어쨌든 이벤트가 없으면 성장도 없다고 생각했기 때문이다. 고민이 없는데 어떻게 성장할 수 있을까. 그래서 스스로에게 계속 생채기를 만들기 위해 일부러 난이도가 높은 업무나 남들이 하기 싫어하는 일들만 골라서 많이 했던 것 같다. 남들이 불편해하고 하기 싫어하는 일을 할수록 나에게는 그것이 경쟁력이 되어 돌아왔다.

하지만 나는 인생이 힘든 것은 어찌 보면 당연하다고 생각했기 때문에 그런 일들을 하는 것이 전혀 힘들다고 느껴지지 않았다. 이 정도의 노력은 해야 한다는 생각이 더 강했다. 오히려 새벽 5시에 일어나서 운동하고 30분 책도 읽고 누구보다 일찍 출근해서 오늘 할 일을 정리하며 회사에서 가장 늦게 퇴근할 정도로 열심히 산 것도 아니었다. 그 정도로 열심히 산 사람들에 비하면 나는 열심히 한 축에도 끼지 못할 것이다.

우리 일은 항상 매수 우위 아니면 매도 우위 이 두 가지 상황밖에 없다. 현재 시장은 매수 우위일 수 있다. 예를 들어 금리가 올라가서 거래량이 줄어들면 매수 우위이고, 금리가 떨어져서 살 사람이 많아지면 매도가 유리하다. 어느 쪽이 유리한지 시장의 상황을 살펴보고 거기에 집중하면 된다. 내가 18년 동안 이 일을 하면서 여러 번의 경제 위기 환경(리먼 브라더스 사태, 코로나 등)을 지나왔지만, 그 어느 때고 안 힘든 때는 없었다. 하지만 그러한 상황에서도 매출 1등을 하는 사람은 언제나 존재하고, 열심히 하는 사람에게 항상 기회는 찾아왔다. 그러니 환경 탓은 무의미한 일이다.

살아있는 경영의 신으로 불리는 이나모리 가즈오는 그의 책『왜 일하는가』에서 "모두가 할 수 없다고 말하는 일을 스스로 맡아서 그것을 실제로 할 수 있을 때까지 계속하는 것은 불가능을 가능으로 만들겠다는 무모한 안간힘일지도 모른다. 하지만 그 무모한 안간힘이 교세라의 기술력을 향상시키고 실적을 만들어 결국에는 성공으로 향하는 길을 열어주었다"라고 말했다. 실제로 교세라는 창업 초기부터 다른 회사가 하지 못하는 일이나 못하겠다고 포기한 일만을 골라 수주했다고 한다. 그 회사가 창업 당시부터 엄청난 기술력을 가진 것도 아니었다. 자금이나 인력, 설비까지 무엇 하나 충분하지 못한 아주 영세한 회사였다. 미팅 때마다 대기업에서는 당시 그 회사로서는 도저히 제작할 수 없는, 다른 회사들이 두 손 두 발을 들고 포기한 제품들의 개발만 요청했다고 한다. 그 자리에서 "그건 저희도 만들기가 어렵습니다"라고 말할 수 없을 만큼 사정이 열악했던 교세라는 무조건 "네, 할 수 있습니다"라고 대답할 수밖에 없었다. 이나모리 가즈오가 그처럼 무모한 요청을 받아올 때면 직원들이 당황해하며 이의를 제기했다고 한다. 하지만 할 수 있다는 믿음으로 어떻게 해서든 만들어 내보자고 직원들을 독려한 끝에 교세라는 그 누구도 할 수 없는 기술력을 가진 탄탄한 회사로 성장했다.

남들이 기피하는, 남들이 하지 못하는 일을 한다는 것은 어찌 보면 무모한 일일지 몰라도 그것을 해냈을 때는 나만의 독보적인 경쟁력이 된다. 나는 그동안 그런 관점으로 일을 찾아 했던 것이고, 아무리 시장 상황이 어렵고 힘들어도 할 수 있다는 믿음으로 오랜 시간 이 업계에서 살아남았다.

결과가 나오지 않는다고 한탄만 하고 있기에는 우리의 인생이 너무나 짧다. 내가 할 수 있는 일의 기준을 넘어 내가 할 수 없겠다는 생각이 드는 일에 도전하는 것은 나의 가능성과 능력을 확장시켜주는 멋진 일이다. 그러니 결과가 나오지 않는다면 할 수 있든 없든 업무량을 최대치로 끌어올려 보라. 그 또한 결과가 나오지 않더라도 경험은 남게 될 것이다.

칼날을 항상
예리하게 다듬어라

　무사에게 칼이 무기라면 영업인에게 있어서의 무기는 아마 경험이 아닐까 하는 생각이 든다. 이제는 어엿한 회사의 대표가 되었지만 얼마 전까지만 해도 모든 것을 내가 통제해 나갔다. 지금은 아래 직원들에게 위임을 통해 권한을 조금씩 나누고 있는 단계이다. 나는 지금도 플레이어로서 계속 영업 활동을 하고 직접 고객과 만나 계약을 체결한다. 2024년에도 나는 회사 내에서 매출로 1등을 했다.

　이제는 대표로서 어느 정도 결제만 해 주고 쉬어도 되는 경력이지만, 칼도 쓰지 않으면 녹슬고 무뎌진다고 내가 자꾸만 여러 상황을 경험해야 우리 직원들에게 해줄 말이 있을 것 같다는 생각에 여전히 영업 활동을 지속하는 것이다. 직원들이 무엇에 어려움을 느끼는지 알아야 해결법도 알려줄 수 있기 때문이다. 요즘 들어, 솔선수범이라는 말을 되새기는 중이다. 그리고 이 업계에서 가장 좋은 롤모델이 되고 싶다는 꿈도 여전하다.

리더가 보여주는 행동과 태도가 직원들에게 어떻게 다가갈지 잘 알고 있다. 직원들은 리더의 행동을 관찰하고 모방하면서 배워 나간다. 리더가 긍정적이고 성실하면 직원들 역시도 그렇게 될 수밖에 없다. 하버드 비즈니스 리뷰의 연구에 따르면, 리더가 신뢰받고 존경받으면 직원들의 참여도와 동기부여가 높아진다고 한다. 그래서 나는 신입 직원의 마음으로, 매일 설레는 마음으로 출근한다. 나는 언제쯤 스스로 대단하다고 생각하게 될지 모르지만, 여전히 내가 너무나 부족하고 배워야 한다고 생각한다. 학벌이 좋거나 학창 시절에 뭔가를 열심히 해본 기억도 없는 내가 이만큼의 성장과 성과를 만들어 냈다는 것에 대해 자랑스럽게 생각은 하지만 대단하다고 자부하지는 않는다. 세상에는 너무나 대단한 사람들이 많기 때문에 나 같은 사람은 겸손하고 또 겸손해져야 한다.

그나마 나를 이만큼 성장하게 만든 단 하나의 경쟁력이 있다면 '실행력'이라고 자신 있게 이야기할 수 있다. 꼭 해야 되는 일이라면 나는 고민하지 않고 실행한다. 중간에 멈춘 적도 없다. 15년 동안 재직

한 회사에서 퇴사를 하며 나 자신에게 물었다.

"그냥 편하게 살고 싶은 거야, 아니면 좀 더 성장하고 싶은 거야?"

나는 계속 발전하는 사람이 멋있는 사람이라고 생각했다. 나는 거의 인정중독자라고 할 만큼 인정받는 것이 좋은 사람이다. 어릴 때 부모님에게 인정받지 못했고, 학교에서도 당연히 성실한 학생이 아니었으니 인정받지 못했다. 항상 지적받고, 다른 사람 입장에서 기대치가 없는 사람이었다. 인정받는다는 것은 다른 말로 멋있는 사람이라는 의미다(적어도 나에게만큼은 그렇다). 그런데 이제 벌 만큼 벌었으니 집에서 트레이닝복 입고 밥이나 축내는 사람으로 사는 것은 멋있는 사람이 아니었다. "멋있다, 저 사람 일 잘한다"는 말을 듣지 못하는 삶은 내가 살아 있어야 할 이유를 느끼지 못하는 죽은 삶과 다름이 없었다. 토머스 에디슨이 이런 말을 했다.

"좋은 계획이 있어도 움직이지 않으면 의미가 없다.
실행 없는 비전은 그저 환상일 뿐이다."

나는 이 말에 공감한다. 말뿐인 목표는 공허하고 행동이 없는 리더는 아무도 따르지 않는다. 그래서 나는 내가 변화하고 도전해 가는 과정을 오랜 시간 동안 직원들에게 보여주고 싶다. 나의 칼날이 무뎌지

지 않도록 계속 갈고닦을 것이다. 그래서 나를 뛰어넘는 직원들이 더

많이 생기기를 바란다.

인생이 바뀌는
원리를 적용하라

배울 것이 있는 사람과
사귀어라

언젠가 누군가 나에게 "좋은 사람을 곁에 두려면 어떻게 해야 합니까?"라고 질문한 적이 있었다. 예전의 나는 첫인상이 안 좋으면 그냥 싫어했었다. 사람의 첫인상이 그의 전부인 것처럼 치부했던 것이다. 그런데 계속해서 자아 성찰을 하다 보니 내가 누군가를 싫어하고 미워하는 것이 오히려 나에게 도움이 되지 않는다는 것을 알게 되었다. 그때부터는 첫인상으로 사람을 이렇다 저렇다 판단하기보다 여러 번 만나 술도 한잔 마셔 보면서 그 사람이 어떤지를 관찰하게 되었던 것 같다. 술을 마시며 이야기하다 보면 아무리 상대방이 절제를 한다고 해도 본심이 드러나게 되어 있다. 또 술김에 솔직한 이야기들도 나누게 된다. 그러면 이 사람과 계속 같이 갈 수 있을지 없을지 대부분은 판단할 수가 있게 되더라.

남의 험담을 하거나 말투가 까칠한 것 등은 크게 신경 쓰지 않는 편이다. 나도 그렇기 때문이다. 대신 내가 이 사람에게 이만큼 주면 이 사람도 나에게 이만큼을 줄 수 있는 사람인지, 고마움을 느끼고 표현할 줄 아는 사람인지를 더 크게 보는 것 같다. 즉 내가 무언가를 베풀었을 때 당연하다고 생각하지 않는 사람이 좋아진다. 또 예의가 없으면 아무리 인상이 좋고 지식이 많아도 계속 만나고 싶은 생각이 들지 않는다. 나는 한 번 내 편이라는 생각이 들면 오래 보려고 한다. 내 사람이라고 판단했으면 이 사람이 나에게 실수를 해도 기분 나빠하거나 실망하지 않는다. 왜냐하면 내가 좋아서 이 사람과 인간관계를 맺기로 결정했기 때문이다. 이 세상에 100% 완벽한 사람은 없다. 나 역시 그렇다. 자주 연락하지 않아도, 가끔 만나도 편안한 사람들이 좋아지는 것 같다.

스페인의 철학자인 발타자르 그라시안이 자신의 책『사람을 얻는 지혜』에서 "배울 게 있는 사람과 교제하라. 친구와의 교제가 지식을 얻는 학교가 되게 하고, 대화는 교양이 있는 배움이 되게 하라. 즉 친구들을 스승으로 삼아 대화의 즐거움도 누리면서 유익한 배움을 얻어라. 말할 때는 박수를 받고, 들을 때는 배우면서 박식한 사람들과 이런 기쁨을 즐기라"라고 했다. 나도 나이를 먹을수록 배울 점이 있는 사람과 점점 가까이하게 되는 것 같다. 사람에 대해 평가를 잘 안 하려고 하는 마음도 생겼다. 그냥 느낌이 좋고 이 사람과 지내면 나도 도움을 받을 수 있겠구나 하는, 좀 배울 것이 있는 사람들이 좋다. 빌딩 중개 외에 내가 모르는 분야도 많으니까 말이다.

의외로 우리는 살면서 다른 사람에게 도움을 받을 일이 많이 생긴다. 어떤 사람은 다른 사람에게 부탁하는 것을 어려워하고, 상대방이 부담을 느끼지 않을지 걱정하기도 하는데, 인간관계는 철저히 기브 앤 테이크다. 내가 도움을 받으면 내가 또 도움을 줄 수 있는 부분이 생긴다. 도움을 요청하고 주는 것은 여러모로 장점이 있는데, 그중에 가장 큰 것이 관계 자체를 더 끈끈하게 연결해 주고 신뢰를 쌓을 수 있다는 점이다. 내가 도움을 요청했을 때 상대방은 자신의 가치나 능력을 인정받는 느낌을 가지고, 내가 도움을 주었을 때는 존중과 감사함을 느낄 것이기 때문이다. 그러니 서로에게 좋은 인상을 남기게 되는 것은 물론 앞으로의 관계도 더욱 친밀해질 것이다.

세상을 살다 보면 나 혼자서 모든 문제를 해결할 수 있을 것 같지만, 생각보다 그렇지 않을 때도 많다. 누군가에게 도움을 요청하는 것은 내가 가고자 하는 목표에 더 빠르게 다가갈 수 있는 기회를 만들어주고, 때에 따라서는 내가 도무지 해결할 수 없을 것 같았던 일을 다른 사람의 도움으로 쉽게 풀리는 경험을 하기도 한다.

우리는 각자가 혼자서 이 세상을 살아가는 게 아니다. 다른 사람과 더불어 살아가야 하고, 서로 도움을 주고받으며 살아야 한다. 주변에 이런 사람을 5명만 만들어 두어도 삶이 좀 더 해피해진다. 배울 점이 있는 좋은 사람과 좋은 만남을 가지려고 애써야 한다. 그것은 스스로에게 자신감과 큰 행복감을 가져다 주기 때문이다. 때로는 다른 사람에게 의지할 수 있는 용기도 필요하다.

말버릇에 신경을 써라

"나 올해 매출 10억 달성할 거야!"

"올해는 계약서 20개 쓸(빌딩 중개 실적 1년에 10개의 계약만 써도 엄청

대단한 것이다.) 거야."

나는 꼭 이루고 싶은 것들이 있으면 많은 사람들에게 공표한다. 일
부러 선포하고 다니는 것인데, 자기계발의 폐해인지는 몰라도 나는
말하는 대로 된다고 생각한다.

"긍정 확언에는 자기충족적 예언과 비슷한 메커니즘이 존재한

다. '나에게는 많은 기회가 있어'라고 긍정 확언을 습관적으로 말하면 실제로 자신에게 기회가 많다고 믿게 되어 그 방향으로 행동하게 된다. 설령 중간에 문제가 생기더라도 '아니야, 나에게는 기회가 많으니까 괜찮아'라며 자신을 다독이며 앞으로 나아간다. 몇 번이고 넘어져도 다시 일어나 도전하며 시행착오를 거듭한다. 이렇게 긍정 확언을 실천하는 사람은 바로 포기해 버리는 사람에 비해 성공에 가까워질 가능성이 훨씬 높다."

나카시마 데루의『결국 잘되는 사람의 말버릇』에 나오는 구절이다.

가짜 약 효과라고도 불리는 플라시보 효과에 대해 들어보았을 것이다. 이 용어는 의사가 효과가 없는 가짜 약이나 꾸며낸 치료법을 환자에게 제안했는데, 환자의 긍정적인 믿음으로 인해 병세가 호전되는 현상을 말한다. 환자의 심리적 요인에 의해 병세가 호전되는 현상이므로 위약 효과라고도 부른다. 나는 긍정적인 말을 하는 것도 플라시보 효과와 비슷한 원리라고 믿는다. '그냥 착각 아니야? 생각하는 대로 다 되면 이 세상에 성공하지 못하는 사람은 없지'라고 생각하는 사람도 있을 것이다. 그것이 착각이라면 착각의 효과라고 불러도 좋을 것이다.

나는 실제로 그렇게 사람들에게 나의 목표를 선언하고 나서 70~80%는 말한 대로 이루었다. 100% 이뤄지지 않았어도 괜찮다. 왜냐하면 남들에게 말한 목표에 대해 계속 생각하고 스스로 부끄럽지 않을 정도로 노력하게 되었기 때문이다. 또한 '할 수 있다'는 마음은 알게 모르게 목표에 필요한 것들을 나에게 끌어당겨 주기도 한다. 그래서 주변에 부정적인 이야기를 하는 사람이 있으면 일부러 피하기도 하고 나에게 나쁜 영향이 오지 않도록 관리하는 편이다.

내가 신입 때 있었던 일이다.

당시에는 부동산에 대해 잘 몰랐고, 경제 용어도 익숙하지 않은 때여서 아침마다 경제신문을 읽었다. 요즘에는 인플레이션, 스태그 플레이션, 디플레이션과 같은 용어를 일상적으로 쓰지만 당시에는 그런 용어를 일반인이 잘 사용하지 않는 때였다. 고객을 만났을 때 나는 기사에서 본 대로 어려운 경제 용어를 섞어 가며 설명을 하곤 했는데 한번은 어떤 고객이 인상을 찌푸리는 것이 아닌가. 나는 그 후부터 영어를 한글로 풀어서 설명하기 시작했다. 그리고 어떤 말투를 썼을 때 상대방이 싫어할지 좋아할지를 생각하면서 말하는 버릇을 들이기 시작했다. 요즘에도 중요한 전화나 미팅이 있을 때 따로 종이에 적어두고 연습하고 나서 통화를 하거나 미팅을 갖기도 한다. 요즘에는 나뿐만 아니라 직원들에게도 말투에 대해 교육을 한다. 예를 들어, 고객이 묻는 것은 A에 대한 것인데 B에 대해 동문서답을 하지는 않는지, 고객에게 문자를 보낼 때 쓸데없는 말을 덧붙여 보내지는 않는지, 전화 통화를 할 때 당황해서 정작 중요한 정보는 놓치고 있지 않은지 옆에서 점검해주곤 한다. 말 한 끗 차이로 계약이 날아가는 일이 생기기도 하기 때문이다. 간혹 직원들 중에는 단어를 잘못 써서 계약이 안 된 것인데도 불구하고 운이 안 좋아서 계약이 안 되었다고 생각하는 경우도 종종 있다. 무엇이 잘못되었는지 스스로는 잘 캐치하지 못하는 것이다. 해야 할 말과 하지 말아야 할 말을 구분하는 것은 특히 우리 업계에서는 아주 중요한 일이기에 피드백을 철저히 해 주려고 노력하는 편이다. 잘못된 방식으로 하는 노력은 무의미하다. 노력도 올바른 방식으로 해야 한다.

고객과의 관계에서 또는 지인과의 관계에서도 말투는 참 중요하다고 생각한다. 내 말투에 따라 상대방의 감정이 상하기도 하고 반대로 기분이 좋아지기도 하기 때문이다. 같은 말을 하더라도 어떤 사람은 호감이 가는데 어떤 사람은 비꼬는 듯 느껴진다. 툭툭 던지는 내 말 때문에 상대방이 상처받지는 않는지, 내 말에 가시가 박혀 상대방을 찌르지는 않는지 잘 살펴야 할 것이다.

감사의 습관이
기적을 만든다

감사하는 마음을 갖는 데 무슨 결연함이나 용기가 필요한 것은 아니다. 사람들은 감사를 하라고 하면 "감사할 일이 없는데 무슨 일에 감사를 하느냐"고 묻는다. 하지만 성공한 사람들은 그야말로 '모든 것'에 대해 감사함을 느낀다.

나는 처음에 내 일을 별로 좋아하지 않았다. 치열하게 고민해 보고 선택한 직업이었지만, 영업에 맞는 성격을 가지지도 않았고, 따로 고정 수입이 없어서 계약을 하지 않으면 월급이 0원인 이 일이 심적으로 참 힘들었다. 하지만 지금은 이 일을 참 좋아한다. 나를 부자로 만들어 주기도 했지만 인생을 대하는 태도에 대해서도 많은 것을 알고 느끼게 해준 직업이기 때문이다.

지금 당장 주변을 돌아보라. 감사할 일은 얼마든지 있다. 나는 내가 신체 건강한 것만 해도 정말 감사한 마음이 든다. 걷고 뛰는 데 불편함이 없어서 언제든 고객을 만나러 갈 수 있고, 남들은 평생에 한 번 만나볼까 싶은 자산가들을 거의 매일 만나고 있는 것에도 감사하다.

그렇다면 왜 감사해야 하는 것일까? 앞서 내가 받으려면 무조건 먼저 줘야 한다는 이야기를 했다. 감사도 이와 동일하다. 감사할 일이 생겨서 감사하는 것이 아니라 내가 먼저 감사하는 마음을 가져야 감사할 일이 다가온다. 마음의 작용 원리가 그렇다. 정말 감사할 수 없는 상황에 맞닥뜨리더라도 '나는 이 상황에 감사해'라고 생각하는 순간 위기는 기회로 바뀐다. 즉 감사는 나 자신을 행복하게 만드는 가장 쉬운 방법이다. 더 나아가 자신이 살아가는 이 삶 자체에 감사하는 습관을 들이면 '내가 왜 감사하는 마음을 가져야 하는데?'라는 의구심이나 불평불만이 수그러들 것이다. '감사'라는 안경을 통해서 사람을 보고 사물을 인식할 때 우리에게는 더 좋은 일이 끌어당겨 온다. 감사하는 마음을 가지면 일단 현실을 부정하지 않고 긍정적으로 해석하려는 태도로 바뀐다. 나에게 일어난 사건이나 오늘 만난 사람에게서 좋은 점을 찾아내는 것이 일상이 된다. 만약 당신이 자연스럽게 감사하는 마음이 들지 않는 사람이라면 감사하는 마음을 연습할 수 있다. 감사하는 마음과 비관하는 마음은 동시에 가질 수 없기 때문에 부정적으로 상황을 해석하려는 마음이 들 때 재빨리 긍정적인 방향으로 눈을 돌리는 연습을 지속해야 하는 것이다.

긍정 심리학자 마틴 셀리그만은 자신의 책 『낙관성 학습』에서 낙천주의자들은 일, 공부, 스포츠 활동에서 높은 성취도를 나타내며 보다 건강하고, 멋지게 늙어간다는 연구 결과를 발표했다. 또 실패에 대해 회복력이 빠르며 우울증에 걸릴 확률이 낮고, 자신이 가진 재능보다 더 뛰어난 능력을 발휘한다고도 했다. 따라서 더 나아가자면 낙천적인 사람들이 성공할 확률이 더 높다는 뜻도 되겠다. 물론 처음에는 감사해야 한다는 마음이 들기 전에 이미 무의식적으로 불평불만을 입으로 말하고 있거나, 남을 욕하고 있거나, 과거의 습관에 사로잡혀 짜증을 내고 있을 것이다. 무엇이든 새로운 좋은 습관을 들이기 위해서는 얼마간의 연습 기간이 필요하다. 또 어떤 사람은 좋은 일이 있을 때에만 감사하는 마음을 느낄지도 모른다. 그러나 그것은 진정한 의미의 감사가 아니다. 조건 없이 감사하는 마음이야말로 진정한 감사하기라고 할 수 있다. 감사하는 마음을 갖기 위해 알람을 맞춰 두고 감사할거리를 찾는 연습을 해봐도 좋다. 또는 일하는 책상 주변에 감사할 일들을 적어두고 수시로 보면서 감사의 마음을 내보아도 좋겠다. 한때 많은 사람들이 썼던 감사일기를 쓰는 것도 도움이 된다.

예전에 어떤 책에서 감사가 뇌에 미치는 영향이 막강하다는 내용을 읽은 적이 있다. '동조 현상'이라는 원리로 설명했는데, 동조 현상이란 하나의 진동이 다른 진동과 일치되거나 조화를 이루는 반응을 말한다. 이 동조 현상은 17세기에 크리스천 호이겐스라는 사람이 우연히 발견했는데 시계추 발명가이기도 한 그는 어느 날 모든 시계추가 동일한 모습으로 흔들린다는 사실을 발견하고 매우 당황했다고 한다. 호이겐스는 다시 시계추마다 각자 다른 리듬을 갖도록 조절했지만 또다시 얼마 후 모든 시계추가 가장 강력한 리듬의 시계추를 따라 완벽하게 일치하는 움직임을 보였다고 한다. 이것은 무엇을 의미하는 것일까? 진심으로 감사하는 마음을 품게 되면 우리의 뇌와 심장 박동수가 일치하게 된다는 것이다. 행복한 사람들과 함께 있으면 나도 덩달아 행복해지고 우울한 사람과 있으면 나도 덩달아 기운이 빠지는 것과 같은 현상이다. '주는 대로 받는다'라는 진리를 마음속에 새기며 오늘부터 감사를 연습해 보자. 아마 지금보다 훨씬 좋은 일들이 당신을 기다리고 있을 것이다.

미래에 대한
믿음을 가져라

"사람은 미래에 대한 기대가 있어야만 세상을 살아갈 수 있다. 기대를 갖기 위해 때때로 자기 마음을 밀어붙여야 할 때가 있음에도, 인간 존재가 가장 어려운 순간에 있을 때 그를 구원해 주는 것이 바로 미래에 대한 기대이다."

20세기 대표적 사상가로 불리며 나치 강제 수용소에서 죽음보다 더한 고통을 겪은 빅터 프랭클은 자신의 책 『죽음의 수용소에서』에서 아무리 열악한 환경에 처했다 할지라도 미래에 대한 기대만 있으면 극복할 수 있다고 설명했다. 아인슈타인도 말하지 않았던가. "인생을 살아가는 데는 오직 두 가지 방법밖에 없다. 하나는 아무것도 기적이 아닌 것처럼, 다른 하나는 모든 것이 기적인 것처럼 살아가는 것이다"라고.

나는 나의 미래에 대해 늘 낙관했다. 아무것도 없이 돈 300만 원만 들고 서울로 왔을 때도, 첫 직장에 입사해 매월 월급이 없다시피 할 때도 나의 미래는 지금과 아주 많이 다를 거라고, 곧 나의 세상이 펼쳐질 거라고 믿었다. 앞으로 5년, 10년만 지나면 진정한 성공을 맛보게 될 거라고 말이다. 도무지 현재로서는 믿을 수 없는 일이었지만, 나는 잘되었다고 매일 상상했다. 마치 이미 그렇게 된 것처럼 살기도 했다. 생각하는 대로 된다는 말이 있듯이 우리는 무엇이든 가능한 삶을 살고 있다. 다만 꿈꾸는 사람과 꿈꾸지 않는 사람이 있을 뿐이다.

스칸디나비아 기업의 제왕으로 불리는 '피터 하그리브스'가 『억만장자 시크릿』이라는 책에서 한 말이다.

"저는 일정 수준을 넘어서고 싶어 하지 않는 사람들이 많다고 생각합니다. 사람들은 대부분 평생 편하게 먹고살 수 있는 성공을 이루면 집중력이 떨어집니다. 이 시점 이후에도 계속 전진하려는 사람은 별로 많지 않죠. 하지만 평범한 성공의 수준을 훨씬 넘어서려면 지금 아무리 크게 성장했더라도 언제나 지금보다 더 커지고 좋아지고 싶다고 생각해야 합니다. 세상을 지배하고 싶어 해야 해요."

내가 15년째에 이전 회사에서 퇴사했을 때 들었던 생각이 딱 이랬다. 당시만 해도 편하게 먹고살 수 있는 만큼의 성공은 거두었다고 생각했고, 이대로 멈출지 아니면 회사를 세워 지금까지와는 다른 방식의 조직과 문화를 만들어 빌딩중개업계 1등 회사로 키워볼지 그 기로에 서 있었다. 나는 안주하고 싶지 않았다. 나의 세계를 만들어 보고 싶다는 큰 꿈을 꾸었다. 먹고살 만큼의 성공은 너무나 작은 꿈이었다는 것을 알게 되었다. 그렇게 처음 30~40명과 함께 시작한 회사는 2년 만에 직원 수가 2배나 늘어났고 많은 직원들이 억대 연봉자로 성장했다.

나는 여전히 미래에 대한 강력한 믿음을 가지고 있다. 미래에 대한 믿음은 인생을 살아가는 데 있어서 큰 원동력이 되어 준다. 현재의 어려움에도 불구하고 미래를 낙관한다는 것은 지금의 고통을 잊게 해 줄 뿐만 아니라 어려운 시기를 극복하게 해 주는 동기부여가 된다. 불가능을 가능하게 하는 힘도 역시 믿음에서 나온다. 이렇게 미래에 대한 믿음을 갖는 것은 나 자신을 성장과 발전으로 이끌어 주고 스스로의 잠재력을 마음껏 발휘할 수 있는 창을 열어준다.

"너무 허황된 꿈이 아닐까?"

"지금 시점에서는 아무리 생각해도 이루지 못할 것 같아."

"10년 뒤에 내가 어떤 상황이 될지도 모르는데 너무 막연해."

앞서 언급했던 것처럼 이제 막 입사한 신입사원이 5년 뒤에 100억 원짜리 건물주가 되겠다는 목표를 세운 것을 보고 뭐라고 한 적이 있다고 했다. 그것은 꿈이 너무 허무맹랑해서가 아니었다. 목표는 그렇게 적어 놓고 5년 뒤에 100억 원짜리 건물을 살 사람처럼 행동하지 않기 때문에 뭐라고 한 것이다. 나는 꿈을 적으라고 했을 때 3년 뒤에 팀장이 되겠다는 현실적인 목표보다 이처럼 '될까?' 싶은 큰 꿈을 적는 사람이 더 낫다고 본다. 대신 그만큼의 노력을 한다는 전제하에 말이다.

미래에 대해 긍정적인 믿음을 갖는 일은 돈이 드는 일도 아니고 엄청난 집중력이 필요한 일도 아니다. 순간순간 내가 되고 싶고 갖고 싶은 것들을 떠올리는 것만으로도 우리 뇌에 강력하게 각인된다. 하루에 몇 시간씩 소모되는 일도 아닌데 왜 사람들은 하지 않는 것일까? 나름대로 성공한 사람들이 그토록 외치는 방법이지만, 따라 하는 사람은 극소수다. 이것을 시도한다고 해서 주식이나 코인처럼 엄청난 리스크가 발생하는 것도 아니니 오늘부터라도 자신의 미래 모습에

대해 얼마나 좋아질 수 있을지 상상해 보라. 그리고 그것을 종이에 적

어라. 그대로 이뤄질 것이다.

빠르게 더 자주
실패하라

사람들은 실패하는 것이 두려워서 행동하지 못한다. 그러나 빠르게, 더 자주 실패하는 사람이 성공할 확률이 더 높다. 나는 세계적인 세일즈맨 브라이언 트레이시를 존경한다. 그의 세일즈 관련 오디오를 들으며 많은 기술과 노하우를 배울 수 있었다. 아마 브라이언 트레이시가 없었다면 지금의 나도 없었을 것이다. 영업을 누구에게 배울 수도 없었고, 오로지 책에만 의존할 수 있었는데 그때 나에게 가장 큰 힘이 되어준 사람이 바로 브라이언 트레이시다.

『행동하지 않으면 인생은 바뀌지 않는다』는 그의 책을 다시 한번 읽었다. 책에서 그는 초짜 시절 20달러짜리 회원권을 팔러 다녔는데 생각보다 사람들이 거절을 많이 해서 낙담해 있을 때 누군가가 이런 말을 해줬다고 적었다.

"아주 정상적인 일입니다. 세일즈를 처음 시작할 때는 거절당하는 것이 당연해요. 아니, 오히려 거절을 많이 당할수록 좋습니다. 세일즈는 성공 게임보다는 실패 게임이라는 것을 깨달아야 해요. 거절을 기본값으로 놓고 거절당할 확률을 줄여가는 것이지요. 그러니까 더 자주 실패하는 게 지금 당신이 해야 할 일입니다."

그 말을 들은 이후 브라이언 트레이시는 세일즈맨을 대상으로 하는 강연에서 항상 이렇게 가르치게 되었다고 한다.

"세일즈 커리어를 크게 성장시키고 싶거나 사무실에 활력을 불어놓고 싶다면 지금 제가 소개하는 게임을 해보세요. 저는 이걸 '천하제일 전화대회'라고 부릅니다. 매출을 올려야겠다는 생각은 접어두고 누가 먼저 100건의 통화를 완료하는지 시합을 하는 겁니다. 전화뿐만 아니라 방문 세일즈에도 적용할 수 있어요. 가장 먼저 전화를 100통 걸거나 가장 빠르게 100곳의 집을 방문한 사람이 우승하는 게임입니다."

나는 17년 동안 혼자서 이 게임을 해왔다. 브라이언 트레이시가 말한 100통 통화하기와 100곳 방문하기는 영업인들이 가장 기피하는 일이다. 직원들도 이런저런 핑계를 대며 고객과의 전화나 미팅을 망설인다. 나는 다른 사람이 가장 싫어하는 그 일들을 누구보다 열심히 했다. 거절을 당하고 욕을 먹어도 빠르게 거절당하고 욕을 먹는 것이 차라리 더 낫다고 생각했다. 거절이든 승낙이든 도전을 해야 알 수 있는 것이 아닌가. 그렇게 나는 많은 거절 속에서 승낙을 받아내는 연습을 해왔고 업무를 하면서 생각보다 많은 승낙을 얻을 수 있었다. 이 일은 나의 커리어를 한 단계 업그레이드하는 데 큰 영향을 주었다. 이 것은 최대한 빠른 시간 안에 실패를 없애버릴 수 있는 가장 좋은 방법이었다.

사람들은 실수나 실패를 피할 수 있는 방법을 찾는 데 많은 시간을 쏟는다. 자신의 능력과 지식이 준비되지 않았다는 이유로 행동을 미루는 경우도 많다. 그러나 준비하는 데에만 몰입해 있으면 시간이 아무리 흘러도 시작할 수가 없다. 미숙한 상태여도 빨리 행동해서 배우는 편이 더 기억에 남는 학습일 수 있다. 나도 고객에게 싫은 소리 들으며 배웠던 것들이 지금에 와서 많은 도움이 되었다는 생각이 든다.

오히려 우여곡절이 많았던 계약이 나에게 가르쳐 준 것들이 더 많았다. 직원들이 같은 실수를 반복하지 않도록 조언을 해줄 수도 있고, 문제에 부딪혔을 때 내가 경험해 봤기 때문에 빠르게 대처할 수 있는 방법을 알려줄 수 있다.

애니메이션 제작사인 픽사에서도 '빠르게 실패하기'는 매우 유효한 전략으로 평가받는다고 한다. 픽사의 공동 창립자이자 회장인 에드 멀킷은 이렇게 말했다.

"모든 것은 엉망인 상태에서 엉망이지 않은 상태로 가는 과정에 불과하다. 영화 제작 산업은 수천 개의 완성되지 않은 개념 사이에 몇 가지 괜찮은 아이디어가 묻혀 있는, 원시적인 스토리보드 몇 장에서 시작한다. 초기에는 말도 안 되는 아이디어가 셀 수 없이 많다. 실패를 거듭하는 여유를 스스로 허락하면서 형편없는 아이디어는 가능한 한 빨리 내던진다. 그리고 그때야 제대로 일할 수 있는 경지에 이른다."

많은 스타트업 회사들이 초기에 실패를 겪는다. 특히 미국의 성공한 스타트업의 대부분은 한두 번의 큰 실패를 경험한 뒤 성공한 사례가 많다. 그러니 실패에 너무 집중하지 않기를 바란다. 실패는 성공으로 가는 과정일 뿐이며 실패에 머무르는 것은 좋은 피드백 과정이 아니다. 실패를 경험으로 더 나은 성공을 향해 가는 지름길이 생길 수 있다. 빠르게, 더 자주 실패하라. 작은 행동들이 쌓여 우리의 삶을 변화시킨다. 세상에 완벽한 준비라는 것도 없다. 우리에게는 즉각적인 실행을 선택할 용기가 필요하다.

당신은 지독히 돈을 꿈꿀 자격이 있다

모든 일이 그렇듯, 성공에는 수많은 노력과 인내가 뒤따른다. 18년 전 서울로 올라와 빌딩 중개업에 뛰어들었을 때만 해도 솔직히 이 길이 이렇게 험난할지 예상하지 못했다. 300만 원을 손에 쥐고 옥탑방에서 시작한 서울 생활은 여러모로 고되었지만, 그 과정에서 나는 돈보다 더 소중한 것들을 배웠다. 그것은 나 자신을 믿고, 신뢰를 쌓으며, 스스로의 한계를 뛰어넘는 방법들이었다.

우리의 현재는 결코 우연이 아니라, 수많은 선택에 의한 결과다. 내게도 무수히 많은 선택의 순간들이 있었고, 그때마다 나는 눈앞의 작은 이익보다는 더 큰 목표를 바라보며 결단을 내렸다. 때로는 그 선택이 실패로 돌아갈 때도 있었고, 남들보다 더 많은 위험을 감수해야 할 때도 있었지만, 그런 과정들이 쌓여 오늘날의 내가 만들어질 수 있었다. 어떤 일이든 우연히 일어나는 일은 없다. 모든 일이 나로 인해 일어난다는 신념을 갖고 살아야 한다.

많은 고생 끝에 일군 200억 원의 자산은 내게 돈으로 환산되는 가치보다 훨씬 큰 의미가 있다. 나의 자산은 내가 선택해 온 모든 길과 겪어온 모든 경험, 그리고 만나온 사람들과의 관계에서 얻은 신뢰의 총합이다. 그리고 이 모든 것을 이루는 데 가장 중요한 것은 바로 강인한 멘탈이었다. 어떤 일을 하든 흔들리지 않는 마음가짐, 포기하지 않는 끈기, 그리고 실패를 두려워하지 않는 도전정신은 분명 성공으로 가는 길이라 믿는다. 그것이 남들을 완전히 압도하는 수준으로 나를 만들어 주었다.

많은 사람들이 성공을 '얻는' 것이라고 생각하지만, 성공은 '창조'하는 것이다. 따라서 누군가 성공한다고 해서 나의 성공이 줄어들지 않는다. 즉 누구나 성공할 수 있는 자원이 이 세상에는 무궁무진하다는 것이다. 이 개념은 책 『10배의 법칙』을 통해 그랜트 카돈이 여러 사례를 통해 증명하고 있다. 우리는 모두 동시에 원하는 만큼 성공할 수 있으며 원하는 얼마의 액수이든 이뤄낼 수 있다. 시장이 아무리 어렵고 나와 같은 일을 하는 사람이 수백만 명에 달해도 돈을 버는 사람들은 있기 마련이다. 그러니 스스로 한계를 정해버리는 믿음에서 벗어나 사고를 전환하라. 다른 사람의 성공이 사실상 나의 성공 기회를 미리 보여주는 것이라고 생각하는 것이다.

이 책을 읽는 여러분도 나처럼 지독히 돈을 꿈꿀 자유와 자격이 있다. 많은 돈과 부자를 꿈꾸는 것은 비난받을 이유도, 부끄러워할 이유도 되지 않는다. 그러니 지독히 돈을 보고 살아가라. 그리고 그 과정에서 얻을 수 있는 빛나는 가치들을 발견해 나가기 바란다. 성공한 사람은 자신을 발전시키는 데 시간과 에너지, 돈을 아낌없이 투자한다. 그 결과 그들은 일이 얼마나 힘든지가 아니라 결과가 얼마나 보람 있었는지에 초점을 맞춘다.

여러분이 어떤 길을 걷든 그 길은 분명 쉽지 않을 것이다. 하지만 여러분이 가는 길이 아무리 험난해도 그 끝에는 반드시 커다란 보상과 성장이 기다리고 있을 것이다. 성공이 곧 난관의 극복임을 기억하라. 살면서 부딪히는 문제가 크면 클수록 기회 역시 커진다. 내 이야기가 여러분의 목표를 이뤄나가는 과정에서 작은 등불이 되기를 바라며, 앞으로의 모든 도전에 대해 "할 수 있다!"는 자신감을 갖기를 바란다. 그리고 당신의 성공을 미리 축하한다.

지독히
돈만 보고
살아라

ⓒ김주환

초판 1쇄 인쇄 2025년 3월 29일

지은이 김주환
디자인 김지혜
마케팅 정호윤, 김민지
펴낸곳 모티브
이메일 motive@billionairecorp.com

ISBN 979-11-94600-06-0 (03190)

YOU MUST LIVE
BY LOOKING HARD
AT MONEY